El conserje de la capilla

Steve Durán Corrales

Los personajes y eventos que se presentan en este libro son ficticios. Cualquier similitud con personas reales, vivas o muertas, es una coincidencia y no algo intencionado por parte del autor.

Ninguna parte de este libro puede ser reproducida ni almacenada en un sistema de recuperación, ni transmitida de cualquier forma o por cualquier medio, electrónico, o de fotocopia, grabación o de cualquier otro modo, sin el permiso expreso del editor.

Copyright © 2020 Steve Durán Corrales

Diseño de la portada de: Rosaura Corrales López

Todos los derechos reservados.

ISBN: 979-8-6526-9224-7

DEDICATORIA

A todos los doctores, enfermeros, pacientes y conserjes que lucharon arduamente contra el COVID19. Que su lucha nos enseñe que como seres humanos únicamente podemos progresar JUNTO

AGRADECIMIENTOS

A mi familia, que siempre ha dicho que tengo madera de escritor. Los amo.
A Vale, que se convirtió en la fanática #1 de lo que escribo. Te amo.
A Dylan, exalumno que me ayudó con el dibujo de la portada de la primera edición.
A Rosavra, (sí, yo lo escribo con "v") por ilustrar esta linda obra de teatro con su más lindo arte de acuarela.
A todos los que, con acciones pequeñas o grandes, me ayudaron a acuñar esta linda historia y estos queridos personajes.

PERSONAJES

JAIME

DOCTOR ARROYO

ESTEBAN

DOCTORA SANDÍ

DOÑA MARTA

ALEJANDRO

CATALINA

ROCÍO

PAPÁ

PRIMER ACTO

Se abre el telón lentamente. El escenario permanece oscuro. Gradualmente, cada vez más fuerte se escucha la canción The sound of silence *de Simon y Garfunkel. Las luces, de manera gradual también, brillan cada vez con más intensidad. Nos ubicamos en una capilla pequeña: atrás en el fondo, a la izquierda, se ven dos ventanales con vitrales de santos famosos, a la derecha, una pequeña puerta abierta que deja entrever el fondo de un patio de zona verde ubicado dentro de un hospital. El proscenio está ocupado por un par de bancas en las naves de la capilla. A la izquierda, en la pared se ve la clásica imagen de Jesús crucificado, detrás de esa pared existe una pequeña entrada a la sacristía. Un altar de mármol, decorado con manteles morados y un cáliz dorado lleno de ornamentos. A la derecha, una pared cerrada (sin salidas) donde se ubican varios cuadros que representan el viacrucis bíblico.*

Un hombre, con una camisa de trabajo corta de color azul y con las típicas manchas que suponen trabajar en limpieza, se encuentra en la capilla tarareando la canción y barriendo el piso. Continúa barriendo hasta que la canción deja de sonar.

JAIME – Lista la barrida. Vamos ahora con desinfectante, no queda de otra. *(Toma un rótulo de "Piso mojado" y lo coloca cerca de la entrada. Entra el Doctor Arroyo. De aspecto cansado, lleno de ojeras ocultas por sus anteojos de montura de madera. Sin embargo, su aspecto y caminar son contundentes, está en su hábitat, en su charco)*

DOCTOR ARROYO – ¡No puede ser, simplemente, no puede ser! *(Se cohíbe un poco al darse cuenta que la capilla no está sola).* ¡Buenas noches…!

JAIME – Jaime, para servirle. *(Le ofrece la mano y el Doctor la estrecha algo contrariado)*

DOCTOR ARROYO – ¡Sí, don Jaime, buenas noches! *(Se sienta, o mejor, se deja caer en una banca.)*

JAIME – *(empieza a rociar desinfectante en el piso, viendo de reojo al Doctor)* Lo noto algo complicado, Doctor. ¿Será que le puedo ayudar?

DOCTOR ARROYO – No, don Jaime. Ahorita dudo mucho que nadie me pueda ayudar con nada. Acá en este hospital los doctores y enfermeras se ayudan solo a ellos mismos. ¡Al carajo el Juramento

Hipocrático y la ética del médico! *(Resopla)*

JAIME – Entiendo. O bueno, eso creo.

DOCTOR ARROYO – Es que, don Jaime, nuestro trabajo ya es muy complicado. Jugamos a ser dioses y solo eso es una responsabilidad muy grande para un simple mortal. Y entonces, nos pretendemos "dioses" *(dibuja comillas en el aire con sus dedos)* mientras los demás no ayudan. Es inaudito. Si no les gusta ser médicos, ¿para qué estudiaron tanto?

JAIME – Doctor, la gente pocas veces en la vida sabe qué es lo que realmente quiere hacer. ¿Usted, por ejemplo, siempre quiso ser médico?

DOCTOR ARROYO – Siempre. Bueno, al menos todo indicaba que sí. Recuerdo que de niño una vez mi hermanita mató una cucaracha. Al cabo de un rato, un grupo de hormigas empezaron a rodear el cadáver del insecto y poco a poco empezaron a trasladar aquel cuerpecillo. En mi mente, las hormigas eran los paramédicos que iban a salvar a la cucaracha de la cruda muerte. Le conté la historia a mi mamá y le pregunté que si las hormigas eran los doctores de los insectos. Me dijo que sí. Le dije entonces que de grande quería ser una hormiga…

JAIME – Me imagino que fue una decepción saber que las hormigas solo se llevaban la cucaracha para comérsela. *(Le habla al Doctor haciendo pausas mientras limpia el piso con un trapo).*

DOCTOR ARROYO – Me di cuenta más viejo de lo que mi orgullo me deja decir *(Sonriente y algo avergonzado)*. Pero, la idea ya había calado en mí. Quería algún día, ser una hormiga que llevara a una cucaracha malherida a un hospital y verla salir sana y salva.

JAIME – Pero las hormigas trabajan en equipo…

DOCTOR ARROYO – Exactamente. ¡Y acá soy una hormiga sola! Una hormiga sola no levanta a una cucaracha, ni a un escarabajo… ¡Ni siquiera se levanta a ella misma!

JAIME – Afortunadamente, no somos hormigas. No se está solo nunca. Siempre hay alguien que lo puede sacar adelante *(en tono insinuador).*

DOCTOR ARROYO – No, don Jaime. Yo no creo en Dios. No sé si llamarme ateo, solo siento que soy más de acá *(señalando al piso)* y no de allá *(señalando al Jesús crucificado).*

JAIME – No hablaba de Dios, doctor. Hablaba de usted mismo. No hace falta que crea en Dios para que crea en usted mismo. Si cree en usted, tal vez sea su propio grupo de hormigas.

(Se escucha un fuerte sonido de sirenas proveniente de fuera seguido de una voz en los parlantes del hospital)

VOZ – Se solicita la presencia del Doctor Arroyo en el consultorio 3 y 4 de Emergencias.

DOCTOR ARROYO - Tal vez. En fin, me regreso al trabajoso trabajo de trabajar. *(Se despide con una sonrisa muy forzada. Sale.)*

JAIME – ¡Suerte, doctor! *(Continúa con sus labores de limpieza. Sale hacia la sacristía.)*

(Entra un muchacho. De contextura delgada, muy delgada. Una barba descuidada y poco poblada. Viste jeans y una camisa de botones con sus mangas enrolladas. Su caminar es atropellado, perdido. Cae hincado y se apoya en una de las bancas. Al inicio, habla solo entre sollozos).

ESTEBAN – ¡No puede ser! ¡No puede ser! ¡Yo no quería! ¡Yo no quería! *(Se mantiene en silencio y luego toma una honda bocanada de aire con un estertor de desesperación)* ¡Fue un error! ¡Yo no quería! ¡Ay, Dios mío!

(Entra Jaime. Vacilante se acerca a sus cosas de limpieza y continúa sus labores. Procura hacer un sonido leve para que el muchacho note su presencia y no se asuste. Cuando el joven lo ve Jaime le saluda con un gesto respetuoso de la cabeza.)

JAIME - ¡Buenas noches, joven!

(Esteban, automático, le devuelve el gesto con la cabeza)

ESTEBAN - *(Para sí mismo)* ¡Perdón, en serio, perdón! ¡Yo no quería! ¡No quería! Fue solo que la situación… ¡Ay, no sé! Mi mamá… *(cuando dijo aquella palabra se quebró a llorar aún más).*

JAIME – ¡Joven, disculpe, joven! *(Esteban, desubicado, lo mira, parece finalmente entrar en razón de que otro ser humano está ahí)* Perdone que lo moleste, realmente no es mi intención. Solo quería decirle que tenga cuidado al caminar, el piso está mojado *(señalando al letrerito).*

ESTEBAN – Gracias. De igual forma, no creo que vaya a salir hasta dentro de un par de horas. Gracias, igualmente. *(Se incorpora y con cuidado se sienta en la banca, sollozante).*

JAIME - ¿Le gustaría un vaso de agua? ¿Un cafecito? En mi oficina tengo una máquina vieja para café. ¡La casa invita! *(Sonriendo)*

ESTEBAN – El vaso de agua está bien. En serio le agradezco.

JAIME – No se preocupe, para eso estamos. ¡Limpiamos la capilla, los pisos y hasta las lágrimas, mi estimado muchacho!

ESTEBAN – *(Con una sonrisa en medio de su llanto)* Gracias.

(Jaime sale hacia la sacristía. Suena el parlante.)

VOZ – Doctor Arroyo, por favor, presentarse a los consultorios de valoración. De carácter urgente. Doctor Arroyo, presentarse a consultorios de valoración. Gracias.

(Jaime regresa con un vaso de agua y una toalla para Esteban. Este toma ambas cosas y toma un largo trago de agua)

ESTEBAN - ¡Ahh! Gracias. Me hacía falta.

JAIME – Claro. El agua cura todo. Como el tiempo.

ESTEBAN – Supongo que para algunos. A veces el tiempo solo empeora las cosas, y bueno, el agua en exceso también causa inundaciones y ahoga a la gente.

JAIME – Pues sí. Curan todo, en las cantidades correctas *(enfatiza)*. Pero, cuénteme, ¿por qué decide verlo *(señala al vaso)* medio vacío?

ESTEBAN - ¡Uff! Larga historia. No quiero aburrirlo ni quitarle tiempo.

JAIME - ¡Para nada! Como le dije, mi trabajo es limpiar lo que incomoda. Además, *(baja la voz)* aquí entre nos, estoy haciendo horas extra. Un rato más que me quede significa un par de moneditas más en la bolsa. Ambos nos hacemos un favor. *(Se sienta en una banca cercana a escucharlo)*

ESTEBAN – Bueno, pues ya que lo pide *(respira profundamente para continuar)*. Tengo 20 años. Soy hijo único. Estoy acá porque mis papás están siendo observados por médicos ahorita. Ambos.

JAIME - ¿Accidente?

ESTEBAN – No. Peor. Los accidentes no son culpa de nadie, son circunstanciales. Lo de hoy fue culpa mía. Lo de hoy y lo de siempre.

JAIME – Se escucha grave.

ESTEBAN – Pues, así lo es. Mis papás se conocieron hace mucho tiempo. Mi papá era jugador de baloncesto. Lo fue a nivel profesional hasta que un día su rodilla simplemente no quiso más: ligamentos cruzados, exceso de líquido y una vieja lesión confabularon juntas para que mi padre no pudiera jugar nunca más. Mi madre tenía un trabajo en una oficina de la ciudad con la que tuvo que dar sustento a ambos hasta que mi papá pudo encontrar un empleo decente. Un poco más estables de dinero, quisieron probar suerte y tener hijos. Mi papá anhelaba tener un varón, tenía esa idea loca de los viejos de preservar su apellido para siempre. Tenía esa loca idea de que se esfumaría de la historia si no heredaba su apellido. Y así fue como llegué al mundo.

JAIME – Un hijo deseado. No hay muchos así caminando por las calles.

ESTEBAN – Ajá. Lo que pasa es que, a partir de ese momento, todo empeoró.

JAIME – No, no, ¿cómo así?

ESTEBAN – Mi papá amó que fuera hombre. Mi mamá dice que me cargaba en brazos y me miraba con un orgullo de esos que ponen los ojos húmedos. Todo era perfecto. Hasta que crecí. Empezó la época de los juegos y las travesuras y cuando mi papá me enseñaba el balón de baloncesto, yo me iba por los bloques de construcción. Cuando me levantaba en sus brazos hacia el aro, yo tomaba la red y trataba de hacer nudos con ella. Su vida fue el baloncesto, después fui yo, pero luego, cuando intentó entremezclar ambas resultó ser como el agua y el aceite. No me gustaba, no me llamaba la atención y las veces que intenté jugar por quedarle bien me di cuenta de que no era talentoso tampoco. Los genes basquetbolistas no se heredaban tan fácil como el apellido…

JAIME – El clásico momento en el que las expectativas que tenemos los papás no se cumplen. Entiendo. A ambos.

ESTEBAN – Sí. Yo los entiendo también. Un poco al menos. Obligar un gusto o una afición es como querer cosechar lirios en el desierto. No se puede. De adolescente intenté ver partidos de la NBA, intenté jugar, pero todo en vano. No me gustó. Nunca.

JAIME – Haríamos todo por quienes amamos. Hasta cosas que no nos gustan realmente.

ESTEBAN – Cierto. Pero el tiempo me hizo cambiar de perspectiva. Dejé de intentarlo por amor y empecé a hacerlo por quitarme la culpa. ¡Uno no debería sentir culpa por no gustarle algo! ¡Menos un estúpido deporte!

JAIME – De acuerdo. Totalmente, de acuerdo.

ESTEBAN – Y esa fue solo la parte menos triste de todo. Cuando yo tenía 14 años, mis padres, al querer tener otro hijo, se enteraron de que mi madre tenía un inicio de cáncer de cuello uterino. Acá mismo lo detectaron. Acá mismo la internaron y le extirparon toda posibilidad de darme un hermano o hermana. Era eso, o dejar que el cáncer ganara.

(Pausa. Se miran. Jaime con rostro empático, Esteban con tristeza. Suena el parlante)

VOZ – Doctor Arroyo, por favor, se le solicita en el Despacho de Farmacia. Por favor, presentarse de urgencia, doctor Arroyo.

ESTEBAN – Para mi papá aquello fue terrible. Creo que fue peor para él que para mi mamá. Ese día le robaron la esperanza. Y la culpa seguía echando frutos en mí. Yo sabía que quería intentar con otro hijo porque yo no fui lo que él quería. Darse cuenta de que su esposa ya no podría darle más hijos lo destrozó. Y su refugio, tristemente, fue el licor.

JAIME – "Hay golpes en la vida, tan fuertes... ¡Yo no sé! Golpes como del odio de Dios; como si ante ellos, la resaca de todo lo sufrido se empozara en el alma... ¡Yo no sé!"

ESTEBAN – *(Extrañado)* ¿Y eso?

JAIME – Vallejo, creo. Nada. Hay cosas que nos golpean en la vida. Mucho. El efecto que tuvo eso en su papá solo él sabe cómo se siente. Y cada quien se levanta o le da cara a esos golpes de diferentes formas. Entiendo a su papá.

ESTEBAN – Y yo también. Al principio, al menos. Nunca tomó licor. Recibió una noticia dura. Se sentaba en la sala a beber whisky seco, en silencio, con el televisor apagado al frente. El único programa de televisión que veía era el reflejo de su desesperanza etílica y crónica. Unas semanas después, cuando ya mi madre estaba recuperada en la casa, él salió con un amigo, vecino de varios años. Volvió ebrio. Muy ebrio. Recuerdo escuchar cuando entró chocando con todo. Mi mamá salió a recibirlo asustada porque creyó que estaba enfermo o lo habían asaltado. "¡Quítese, vieja inútil!" le gritó. La empujó y ella se estrelló contra un mueble, golpeó su herida ya cicatrizada y soltó un leve quejido de dolor. Él la vio, avanzó un poco más, vomitó en el suelo y cayó desmayado en el piso. Esa vez no hice nada, estaba asustado.

(Pausa. Ambos escuchan pasos que vienen de fuera de la capilla. Es el sonido particular de tacones apresurados. Entra la Doctora Sandí, mirada increpadora, sagaz, mortal. Cabello rojo ondulado hasta los hombros, maquillaje sutil y unos anteojos finos que resaltaban el tono ligeramente amarillo de sus ojos)

DOCTORA SANDÍ: ¡Buenas noches! *(Sin esperar respuesta, continúa)* ¿Es usted el joven Esteban Molina?

(Esteban ve a Jaime con cara de genuina preocupación)

DOCTORA SANDÍ: ¿Es o no es?

ESTEBAN: Sí, soy yo. ¿Por qué? ¿Cómo están mis papás? ¿Les pasó algo? ¡Ay Dios!

DOCTORA SANDÍ: *(Severa)* ¡Relájese, joven! Ellos están... Estables. Necesito que vaya al Salón 27A primero y luego al Salón 33E. Eso está en el segundo y tercer piso, respectivamente. Los doctores a cargo de sus papás necesitan comunicarse con un familiar cercano.

ESTEBAN: *(Cada vez más asustado y preocupado, la paz que logró mantener con Jaime se perdió.)* ¿Les pasó algo? ¿Por qué no me lo dice usted?

DOCTORA SANDÍ: Porque no soy la médico a cargo, muchacho. Ahora, hágame caso y vaya. Yo no estoy autorizada a hablar de pacientes que no son míos. 27A, segundo piso y 33E tercer piso. Gracias. *(Se mantiene en silencio con una mirada inquisidora.)*

ESTEBAN: Bueno, bueno. Ya voy. Gracias. *(Se vuelve hacia Jaime que se quedó viendo la escena sin hacer nada)* Luego termino de contarle la historia, don… *(Busca en su mente un nombre que nunca escuchó.)*

JAIME: ¡Jaime, muchacho, Jaime! Aquí estaré. *(Le guiña un ojo.)*

(Sale Esteban. Nervioso. Revolviéndose las manos. La escena queda en pausa. Jaime observa la puerta por la que acaba de salir el muchacho y la Doctora Sandí lo ve con mirada seria.)

DOCTORA SANDÍ: ¡Ejem…!

(Jaime la vuelve a ver y se sobresalta. Vuelve a su estilo cordial.)

JAIME: ¡Buenas noches, doctora! ¿Cómo se encuentra usted en esta hermosa noche decembrina?

DOCTORA SANDÍ: Con cansancio, gracias. *(Observa con aire de superioridad a Jaime, luego el trapo en su mano y así sucesivamente todos los objetos del lugar que refieren a su trabajo de limpieza.)*. Y, dígame, don Jaime, ¿por qué el letrero indica "Piso mojado" si usted ni siquiera ha trapeado el piso?

JAIME: Pues, tiene una explicación muy simple, doctora.

(Se quedan viendo. Jaime sonriente. La Doctora Sandí con desdén.)

DOCTORA SANDÍ: Ajá.

JAIME: Ah, ok. Pues, mire, cuando me contrataron me dijeron que yo era el encargado de hacer que este pabellón estuviera limpio y ordenado con el propósito de que quienes estén acá sientan paz y tranquilidad.

DOCTORA SANDÍ: ¿Y en cuál parte de todo eso indica que se debe posponer el trabajo para estar al tanto de chismorreos de doctores, enfermeros y pacientes? *(Camina por las bancas, con mirada escrutadora.)*

JAIME: Doctora, pero se lo acabo de decir.

DOCTORA SANDÍ: ¡No me ande con rodeos! ¡No tengo tiempo para esto! ¿Sabe usted quién soy? *(con tono de arrogante incredulidad.)*

JAIME: Perdone, usted… *(Viendo el gafete que le cuelga del bolsillo de su gabacha.)*, Doctora Sandí. Directora del… Directora de Urgencias del Hospital Metropolitano. ¡Guau! Un placer saludar a la jefa de jefes. *(Jaime espera una respuesta que nunca llega.)*. En fin, entiendo que los doctores y, muy especialmente usted, tengan una agenda ocupada. Le explico: además de limpiar la capilla, consultorios y salas de este pabellón me hago cargo del objetivo de mi trabajo que le cité anteriormente: "quienes estén acá sientan paz y tranquilidad".

DOCTORA SANDÍ: Don Jaime, perdone, pero si me va a decir que usted está acá y que no trabajar le da paz y tranquilidad, hablaré con su jefe para que la paz y la tranquilidad la tenga en su casa a partir de mañana. No me haga perder el tiempo.

JAIME: No, doctora. Jamás. Necesito y me gusta el trabajo. A lo que me refiero es que hace unos minutos vino un doctor bastante cansado y frustrado y me puse a conversar con él. El pobre está agotado. Hablamos un poco, me contó de su infancia y luego lo llamaron: primero una vez, luego, al rato, otras dos veces. Pasó eso, me fui a la sacristía a sacar mi equipo de limpieza... *(Al ver la mirada de severidad.)* que aún no utilizo porque entró ese muchacho que usted envió a ver a sus padres.

DOCTORA SANDÍ: *(impaciente)* Siga con su historia.

JAIME: Sí. Pues el joven entró en un estado bastante preocupante. Como usted puede ver, me encanta hablar, así que entablé conversación con el muchacho y estaba a punto de contarme la parte más crucial de su historia hasta que usted llegó.

DOCTORA SANDÍ: Solo escucho excusas para no trabajar, basadas en que estaba conversando con empleados y con visitantes. ¡Ese no es su trabajo, don Jaime!

JAIME: "Paz y tranquilidad", doctora. Uno de sus empleados lleva días acá metido sin descansar y me parece que está siendo sobreexplotado. ¿Qué pasa si esa conversación conmigo es la única que no le aporta estrés a su vida? ¿Qué pasa si gracias a eso salió un poquitín más motivado? *(junta el dedo índice y el pulgar al punto de casi tocarse.)*

DOCTORA SANDÍ: Sus intenciones parecen buenas, don Jaime, al menos un gran porcentaje de ellas. Espero no faltarle el respeto con lo que voy a decir. En este hospital contamos con médicos psicólogos y psiquiatras, entre tantas otras especializaciones de toda el área médica; es decir, hay personas *(busca el tono educado y respetuoso)* más entendedoras del tema para tratar el estrés laboral de nosotros los doctores, enfermeros, camilleros y demás. No dudo que usted quiera ayudar, pero hay gente que sí está capacitada y cuya función real es esa. ¿Me doy a entender?

JAIME: La entiendo, doctora. No me sentí ofendido, descuide. Lo he hecho con las mejores intenciones. Creí que la ayuda era siempre bien recibida donde sea. Seguiré con lo mío, entonces. ¡Con permiso! *(Toma la botella de desinfectante de una banca y empieza a esparcir su líquido por el piso.)*

(La Doctora Sandí parece dispuesta a retirarse. Cuando parece dar el primer paso de retirada, se detiene, lo piensa, observa a Jaime trapeando y habla).

DOCTORA SANDÍ: Don Jaime, la ayuda es bienvenida. No quiero que me malinterprete. Hablaré con su superior. Sus buenas intenciones podrían estar mejor ubicadas en algún lugar que tenga mayor interacción con la gente, no acá en esta diminuta capilla donde solo viene la gente cuando perdió toda la esperanza y deciden hacerse creyentes.

JAIME: "Hay golpes en la vida, tan fuertes… ¡Yo no sé! Golpes como…"

DOCTORA SANDÍ: *(Interrumpe)* Vallejo. César. Le conozco. Es un excelente poema. ¿Por qué lo cita usted?

JAIME: Porque "yo no sé". Y usted tampoco, doctora. *(Sigue trapeando mientras hablan)*

DOCTORA SANDÍ: ¿Qué es eso que ni usted ni yo sabemos?

JAIME: No sabemos cuáles son los golpes que traen a la gente acá. No sabemos cuál es su historia, qué los motiva, qué los desmotiva, no sabemos qué es lo que quieren hacer un domingo cualquiera a las 4 de la tarde.

DOCTORA SANDÍ: La labor médica es complicada. Yo misma odio la idea de ver al paciente como uno más. Se personaliza la atención en lo que se puede. Pero, entre personalizar la atención y salvar vidas, yo me quedo con las vidas.

JAIME: Yo soy un idealista terco. Yo escogería personalizar la salvación de vidas. ¿Me explico, doctora?

DOCTORA SANDÍ: Utópico.

JAIME: Como todo. Todo es perfectible y cada uno a su manera anda buscando mejorar su mundo. A lo que iba con los golpes de la vida es que, así como no sabemos cuáles han traído acá a los pacientes tampoco sabemos cómo reaccionan a los otros tantos golpes que se les dan acá.

DOCTORA SANDÍ: ¿Qué golpes?

JAIME: Los simples y "banales" *(dibuja comillas con sus dedos)*: contraer un virus que evite tomar el vuelo para las vacaciones que se planearon hace un año, el esguince en el tobillo que anula la posibilidad de jugar fútbol en un campeonato. Los graves y complejos: enterarse de que se tiene cáncer, perder un brazo, la rutina de venir a hacerse una diálisis. Y la inevitable: la muerte. Los golpes de la muerte, sin embargo, solo los vemos en los vivos.

DOCTORA SANDÍ: La vida es injusta y difícil, don Jaime…

JAIME: Sí, lo es. Pero hay pacientes de diálisis o de quimioterapia que vienen felices al hospital: saludan al guarda, a las enfermeras y a sus amigos de tratamiento. Tomaron bien el golpe. Otros vienen hartos, deseando que cada día sea el último. ¿No cree usted que cada uno de ellos merece recibir el golpe de la mejor manera? ¿No cree que sería bueno que cada uno de ellos reciba el ambiente idóneo para ello? Pero no el ambiente que usted crea correcto, sino el que ellos quieren. Dígame, doctora, ¿cuántos cursos de la universidad y sus años de interinato le enseñaron a determinar la reacción de un joven al enterarse de que tiene cáncer?; ¿cuántos cursos enseñan a dar una mala noticia?; y si me dice que sí se lo enseñan, entonces, ¿cuántos cursos enseñan a lidiar con la reacción del paciente ante esa mala noticia? A mí me parece que solo es justo y correcto que vengan acá a convertirse en creyentes… O a volver a creer… Todos tomamos los golpes de la mejor forma que podamos.

(La Doctora Sandí a lo largo de su tiempo de escucha ha ido cambiando su tono severo a uno más bien reflexivo. Sin darse cuenta, está sentada en la banca con un codo apoyado en su rodilla y la cabeza en la mano. Ve hacia el frente, pero su mente está con las palabras y preguntas del conserje. Pausa.)

DOCTORA SANDÍ: ¡Qué fuerte! Realmente no sé qué decirle, don Jaime.

JAIME: No tiene que decirme nada. Estoy satisfecho con que lo piense nada más.

DOCTORA SANDÍ: Don Jaime…

JAIME: Sí.

DOCTORA SANDÍ: ¿Es usted conserje?

(Jaime levanta el trapeador y el desinfectante)

DOCTORA SANDÍ: O sea, sí, entiendo que lo es. Pero, no lo tome a mal, por favor… Nunca había hablado de psicología, ética y hasta de literatura con un conserje. ¿Qué es usted realmente?

JAIME: Soy don Jaime, el conserje, nada más. Lo demás son etiquetas que usa la gente. Pero puedo ayudar en lo que se necesite, solo búsqueme y acá estoy.

DOCTORA SANDÍ: No esperaba tener esta conversación hoy.

Ni hoy, ni acá, ni con usted.

JAIME: ¿En el lugar de los que deciden hacerse creyentes?

DOCTORA SANDÍ: *(Con remordimiento)* Pues, sí.

JAIME: Es la forma de algunos de aceptar los golpes.

DOCTORA SANDÍ: Sí. Gracias, don Jaime.

JAIME: ¿Por qué?

DOCTORA SANDÍ: Me hizo pensar.

JAIME: *(con una risilla de satisfacción.)* Con gusto, doctora. Ya sabe, acá estaré si me ocupa. Y bueno, ojalá no hable con mi superior...

DOCTORA SANDÍ: *(recordando.)* Ah, no, por eso no se preocupe. Tenga una linda noche, don Jaime.

(La Doctora Sandí camina hacia la salida de la capilla y Jaime sigue con su trapeador olvidado.)

JAIME: ¡Hey, doctora! ¿Le puedo hacer una última pregunta?

DOCTORA SANDÍ: Me acaba de hacer una, pero le permitiré una extra por la conversación que acabamos de tener.

JAIME: ¿Recuerda que me mencionó que hay gente que si está capacitada para hablar de estrés laboral y demás acá en el hospital?

DOCTORA SANDÍ: Sí.

JAIME: ¿Puedo saber quién es esa persona?

DOCTORA SANDÍ: Pues, no debería decir. No se supone que deba.

JAIME: Es mera curiosidad de un viejo conserje. Pero si se lo quiere reservar, entiendo.

DOCTORA SANDÍ: Bueno, si tanto quiere saber supongo que no hago ningún daño: es el Doctor Arroyo. Lo suelen reconocer por sus anteojos de montura. Muy trabajador.

TELÓN

SEGUNDO ACTO

La misma capilla, horas más tarde. Los utensilios de limpieza ya se recogieron y la estancia luce impecable. En una banca, sentado, un joven enfermero de unos 30 años, con rostro cansado y ojos clavados en el piso, su mente está en otro lugar. Permanece en ese "trance" hasta que entra el Doctor Arroyo, ojeroso, cansado, pero siempre dueño del lugar y sintiéndose en su charco.

DOCTOR ARROYO: ¡Buenas…! ¡Buenos días! *(se corrige al ver la hora en el reloj).*

ALEJANDRO: *(sin moverse.)* Buenos días.

DOCTOR ARROYO: Alejandro, lo he andado buscando por todo el hospital. Tenemos que hablar. *(Alejandro sigue inmóvil.)* Esto no puede seguir así. *(Alejandro inmóvil aún).* ¿Alejandro?

ALEJANDRO: Sí, doctor yo sé. Pero no quiero hablar nada. Hablar no soluciona nada.

DOCTOR ARROYO: ¿Y no hablarlo? ¿Qué soluciona?

ALEJANDRO: Tampoco nada. Doctor, ¿usted sí se da cuenta de que estamos atados de manos por el sistema? Hasta por las mismas leyes. Por eso dicen que "el mundo está lleno de buenas intenciones". Y al final, para nada…

DOCTOR ARROYO: Freud ya puntualizó eso hace mucho tiempo: someternos a las convenciones sociales nos limita, Alejandro. Pero gracias al orden social hemos prosperado como humanidad.

ALEJANDRO: ¿Y con cuál propósito? ¿Es usted feliz acá, doctor?

DOCTOR ARROYO: *(con una pausa más larga de lo que quiso)* Pues, sí. Lo soy. Siempre quise ser doctor.

ALEJANDRO: Pero, ¿de verdad es feliz?

DOCTOR ARROYO: Sí, Alejandro. Lo soy. Le recuerdo que lo buscaba para hablar de otro tema y no de mi felicidad.

ALEJANDRO: Sí, doctor, lo entiendo. Su felicidad es cosa suya. A lo que quiero llegar es a que hay muchas situaciones que pasan acá que me molestan. Y en mi criterio no están bien. Pero no puedo arreglarlas o remediarlas porque el sistema me ata. No se puede. *(Con rabia)* Por eso el mundo se nos está yendo a la mierda... Perdón, doctor.

(Pausa. Alejandro suspira. El doctor Arroyo, más tranquilo, retoma la conversación)

DOCTOR ARROYO: ¿Cómo está ella? ¿Mejor?

ALEJANDRO: En lo que cabe. Pero siempre está mal. Uno no debería ver pacientes tan frecuentemente por esas razones.

DOCTOR ARROYO: Entiendo. ¿Y él?

ALEJANDRO: *(Con indiferencia)* Ahí está. Supongo que bien. Me da igual.

DOCTOR ARROYO: Recuerde, Alejandro, que después de nuestra conversación de hace unas semanas usted no estaba autorizado a verlos. ¿Lo recuerda bien?

ALEJANDRO: Sí.

DOCTOR ARROYO: Que usted me diga el estado en el que se encuentran me hace pensar que los vio a ambos, aunque sea de lejos. ¿Lo ha hecho usted?

ALEJANDRO: *(Con cierta culpa.)* Ya usted sabe, doctor. Sí.

DOCTOR ARROYO: ¿Y entiende que puede perder su trabajo solo por ese gesto pueril?

ALEJANDRO: Sí, doctor. Pero no me importa. Así como no sería justo que me castiguen por hacer algo bueno, no es justa la situación que ella está atravesando. Cuando entré a la escuela de enfermería lo hice porque quería ayudar a la gente en sus peores momentos. Hay gente que no quiere la ayuda, doctor, pero ella sí. Ella sí quiere ser ayudada. ¿Por qué el hospital o la ley o quien sea no me deja ayudar a una paciente? ¿Tiene eso sentido para usted, doctor?

DOCTOR ARROYO: Hay tantas cosas en la vida que no tienen sentido, Alejandro, que gastaríamos el tiempo y la paz buscándolo. Y sé que eso no me lo va a aceptar. *(Hace una pausa. Respira. Se sienta al lado de Alejandro).* Tiene que parar, Alejandro. Esta situación debe detenerse ya. Ella es una paciente, nada más.

ALEJANDRO: *(se levanta de la banca, sus manos en la cabeza)* ¡No es solo una paciente, doctor! ¡Es una víctima! ¡No es humano que dejemos que siga en esa situación! ¡No es correcto!

DOCTOR ARROYO: Hay códigos, hay leyes, hay tratados… ¡Hay tantas cosas que nos atan de manos, Alejandro! Ella misma ha dicho que no presentará cargos y no hará nada en contra de él.

ALEJANDRO: Cometemos un error. No me extrañaría que la próxima vez que ella nos "visite" sea en la morgue. Y yo, doctor, yo no quiero cargar con esa culpa. *(Se levanta de la banca. Se acomoda su ropa y camina hacia la salida decidido).* Me voy. Y no, doctor, no me voy a ver a nadie en especial, despreocúpese. *(Sale)*

(El Doctor se sienta, cansado. Apoya su cabeza en las manos. Suspira. Bosteza. Se levanta y sale por la sacristía y regresa con un vaso de agua. Toma un par de tragos. Entra Esteban, se nota cansado, con la misma ropa a excepción de un abrigo. Saluda)

ESTEBAN: ¡Hola, doctor!

DOCTOR ARROYO: ¡Hola, joven! *(Hace el movimiento para incorporarse y ocurren dos eventos: el doctor reconoce al joven y en su asombro olvida que tenía el vaso de agua entre las piernas y se le cae al piso haciendo un gran estrépito y dejando un charquito de agua en el piso).*

ESTEBAN: ¡Uy, perdone! No se preocupe, doctor. Buscaré a alguien que nos ayude con eso. Conozco al conserje. *(Sale)*

DOCTOR ARROYO: *(para sí mismo)* ¡Es él! ¿O no?

(Suena el parlante, se reconoce esta vez la voz de la Doctora Sandí)

VOZ: Se solicita la presencia del Doctor Arroyo en la Sala de Reuniones 4. Con urgencia.

DOCTOR ARROYO: *(volviendo a la realidad)* Con urgencia, siempre con urgencia… *(Sale)*

(La estancia queda sola un momento. Entra una señora, anciana, con vestimenta algo anticuada para la época pero siempre elegante y distinguida.)

ROCÍO: *(hablando sola)* … y tengo que comprar las tortillas. Para la tarde sí. Mi Paco llega para el café. ¡Bendito Dios! *(Se sienta en la banca y se queda en silencio. Pausa. Inicia una oración).* Padre bueno, protégeme de todos los males y de…

(Entra Esteban)

ESTEBAN: ¡Listo, doctor! Ya le avisé al conserje, me dijo que ya venía a recoger el reguero. *(Al ver a doña Rocío).* ¡Perdón, buenos días, señora!

ROCÍO: ¡Ay, perdón, mi chiquito! Se me cayó el vaso. Ya lo limpio.

ESTEBAN: *(Algo confundido).* No, señora. No se preocupe. Ya viene el conserje.

ROCÍO: Ah bueno, mejor así. *(Se queda en silencio. Pausa. Retoma la plegaria).* Padre bueno, protégeme de todos los males y de la tentación del maligno... *(Mientras reza, su vista se dirige a Esteban)* ¡Buen día, mi chiquito! No lo saludé, ¡qué pena!

ESTEBAN: No se preocupe, señora. *(Se sienta en otra banca. Incómodo con el silencio y sus propios pensamientos, inicia la conversación).* ¿Y qué la trae por acá, señora?

ROCÍO: Estoy esperando una cita. Mi Paco viene a citas por sus problemas del corazón. Ya hace 2 años que venimos juntos.

ESTEBAN: Entiendo. ¿Se casaron hace mucho?

ROCÍO: Sí, el 22 de enero de 1967. En la Iglesia de San Vicente de Paúl, patrono de los pobres. De los días más felices de mi vida. *(Se queda en silencio. Pausa. Retoma la oración).* Padre bueno, protégeme de todos los males y de la tentación del maligno. Que sepa distinguir entre lo bueno y lo que no me conviene...

(Entra Jaime, con su aura característico: feliz, servicial, gentil)

JAIME: ¡Buenos días otra vez, Esteban! *(Viendo a doña Rocío).* ¡Buenos días, gentil señora!

ROCÍO: ¡Buenos días!

ESTEBAN: Gracias, don Jaime. Disculpe que lo molestara, pero acá está el vaso quebrado y no quiero que ocurra un accidente.

JAIME: No se preocupe, joven. Recuerde que estoy para ayudar. Y a usted también, señora *(guiñándole el ojo y acercándose).* Ya vengo. *(Entra a la sacristía y vuelve con guantes, escoba, pala y un trapeador).* Bueno, señora, en esta capilla todos nos hacemos amigos. ¿Cuál es su nombre?

ROCÍO: Rocío Arguedas Oconitrillo, para servirle.

JAIME: Un placer conocerle. A mí me puede llamar don Jaime o solo Jaime, para sentirme un poco más joven. Y cuénteme, ¿qué la trae por acá?

ROCÍO: Ah no, nada. Que mi hija viene a misa acá. A las 10. *(La confusión de Esteban se nota cada vez más en su rostro).*

JAIME: Entonces tengo buen tiempo para recoger todo esto. ¡Con permiso, doña Rocío! *(Se agacha a juntar los fragmentos de vidrio)* ¿Y qué se hizo el culpable del incidente?

ESTEBAN: *(Está viendo fijamente a doña Rocío)* ¿Perdón? ¿Qué pasó?

JAIME: Preguntaba sobre el quebrador de vasos.

ESTEBAN: No sé, seguro lo llamaron. Acá los doctores pasan muy ocupados. Se veía cansado y con ganas de irse.

JAIME: Hmm… ¿De anteojos? *(Perspicaz)*.
ESTEBAN: Sí, de anteojos. ¿Lo conoce?
JAIME: *(Con la cara maliciosa de quien ata un cabo correctamente)*. Esteban, soy el conserje, los conserjes conocemos a todo el mundo.
ESTEBAN: Supongo que es cierto.
(Hay una pausa incómoda para Esteban, se nota algo ansioso en la banca. Mientras tanto, Jaime recoge los cristales y doña Rocío continúa su plegaria en voz baja. Esta vez quien rompe el silencio es Jaime, al ver que Esteban juguetea intensamente con sus dedos)
JAIME: ¿Y cómo sigue todo? *(con el tacto suficiente para que la pregunta no sea incómoda ante la presencia de doña Rocío)*
ESTEBAN: Se puede decir que mejor. Pero estoy cansado. Los trasladaron a otro sector y no me dejan ver a ninguno. Solo en horas de visita. Iré a casa a descansar, la noche ha sido fatal y no he podido dormir en ningún lugar.
JAIME: Esas famosas noches largas de hospital… *(Observa a doña Rocío que ya terminó la plegaria y los miraba con atención)*. ¿Y usted, doña Rocío? ¿Pasó la noche acá también?
ROCÍO: No, no. Vine con mi Paco. Vamos a todo lado juntos.
JAIME: La vida consiste en buscar a una persona que te acompañe hasta al hospital. Porque a las fiestas cualquiera, pero al hospital solo quien ama, ¿verdad, doña Rocío? *(sin esperar respuesta)* ¿Y dónde está "su" Paco?
ROCÍO: Anda trabajando. Ahorita viene.
(Atrás Esteban sigue confundido, cuando Jaime lo ve cree entender su confusión también y lanza una pregunta, mientras le hace cara de complicidad a Esteban.)
JAIME: Entonces, ¿usted y su marido vienen a misa de 10 junto con su hija?
ROCÍO: Sí, sí *(sonriendo)*.
JAIME: Familia que va a misa unida, permanece unida. *(Ya con los cristales del suelo recogidos, empieza a pasar el trapeador por el piso secando el charco)*.
ROCÍO: ¡Amén! *(Se persigna)*.
(Pausa. Se oye un sonido familiar de tacones. Entra la Doctora Sandí, notoriamente estresada pero con mejor actitud que la última vez.)
DOCTORA SANDÍ: ¡Buenos días! *(Viendo a Jaime y luego a Esteban)*. Otra vez ustedes dos acá. ¡Qué interesante!
JAIME: ¡Buenos días, compañera de tertulias!
DOCTORA SANDÍ: *(Cohibida y con pena)* No es para tanto, don

Jaime. Hablamos quince minutos hace unas horas nada más. *(A Esteban).* Muy conveniente encontrarlo nuevamente. Debe recoger las pertenencias de sus papás dentro de treinta minutos.

ESTEBAN: Entiendo, gracias. ¿Dónde?

DOCTORA SANDÍ: En el mismo consultorio de ayer. Ahí quedaron luego del traslado. *(Nota la presencia de doña Rocío y se dirige a ella, su cara tiene un chispazo de esperanza. A Rocío).* ¡Buenos días, señora! ¿Puedo saber cuál es su nombre? Yo soy la directora del hospital, la doctora Sandí. *(Extiende su mano).*

ROCÍO: *(Estrecha la mano)* ¡Buenos días, mucho gusto, doctora!

DOCTORA SANDÍ: El gusto es mío, señora. ¿Me puede decir su nombre?

ROCÍO: Rocío Arguedas Oconitrillo, para servirle.

DOCTORA SANDÍ: *(El gesto preocupado de su rostro se alivió con esa respuesta).* Mucho gusto, nuevamente.

(Suena el parlante. Es la voz del Doctor Arroyo.)

VOZ: Alejandro Esquivel, por favor, presentarse a la oficina del Doctor Arroyo. De carácter urgente.

(Jaime escucha el mensaje con un aire tristón, Esteban con indiferencia, la Doctora Sandí con sospecha y doña Rocío sin inmutarse.)

DOCTORA SANDÍ: Doña Rocío, ¿usted me acompañaría a mi oficina un momento?

ROCÍO: Claro, doctora. ¿Ya terminó mi Paco? ¿Cómo sigue?

DOCTORA SANDÍ: *(Con el gesto de quien dice una mentira piadosa.)* Está mejor. Venga y le comento. Acompáñeme. *(Camina a la puerta de salida y espera que Rocío se levante. La doctora ve su reloj y se dirige a Esteban).* ¡Veinticinco minutos!

ESTEBAN: Sí, doctora. Ya casi voy. Gracias.

(Rocío se levanta y sonriente se dirige a la puerta.)

ROCÍO: ¿Usted sabe, doctora, que mi hija es igual que usted?

DOCTORA SANDÍ: *(ofreciéndole el brazo para que se apoye.)* ¡Muy interesante, doña Rocío! ¿Y dónde está su hija?

ROCÍO: Ella me vino a dejar. Tengo cita con mi Paco.

DOCTORA SANDÍ: Entiendo, entiendo. Vamos, doña Rocío, es por acá.

(Salen ambas. Esteban ya no puede disimular. Jaime está concentrado en la limpieza del charco.)

ESTEBAN: *(Incrédulo.)* Don Jaime, ¿vio eso?

JAIME: ¿Qué? ¿A la doctora Sandí siendo gentil? Es raro, ¿verdad?

ESTEBAN: No, no, eso no. ¡La señora!

JAIME: ¿Qué con ella?

ESTEBAN: Nada de lo que dijo tenía sentido. ¿Vino o no con la hija? ¿O fue con el tal Paco? No entendí nada. Y a mí me dijo algo diferente antes.

(Jaime se encoge de hombros)

JAIME: Seguro la confundimos. O usted se confundió. Pero ya la doctora se encarga de ella.

ESTEBAN: Pero, ella me dijo que venía a cita de Paco. A usted le dijo que venía a misa. *(Recordando).* ¡Y otra cosa! Cuando entré para avisar que ya venía usted a recoger el vaso roto ella se disculpó conmigo por haberlo roto. Claramente no fue ella. Yo vi cuando el doctor de anteojos lo botó hace un rato. *(Se había levantado y señalaba intensamente el piso y el vaso hecho pedazos.)*

JAIME: No ha dormido bien, Esteban. ¿Qué más da? *(Pausa. Jaime toma la escoba y empieza a agrupar los cristales más finos que aún estaban en el piso).* Por cierto, usted me debe el fin de una historia, ¿por qué mejor no hablamos de eso?

ESTEBAN: Si usted gusta deprimirse más, puedo continuar, pero me falta mucho para terminar.

JAIME: Yo sigo haciendo extras.

ESTEBAN: ¿En qué parte quedé?

JAIME: *(con cara de orgullo por su buena memoria)* Su papá se había emborrachado con un vecino y ese día le gritó a su mamá y la golpeó. Él quedó desmayado, acostado en su propio vómito.

ESTEBAN: Cierto. Esa fue la primera vez. A partir de ahí, todo empeoró. Este vecino solía pasar todas las tardes para invitarlo a salir. Afortunadamente, eran más las veces que decía que no que en las que lo acompañaba. El problema es que cuando sí salía, volvía muy mal. Mi mamá, ingenua o cegada por amor, no sé; lo esperaba porque se preocupaba por él. Pero cuando él llegaba la empujaba y se mostraba violento. En una ocasión, recuerdo que la subió a la habitación con fuerza y creo que ahí la obligó a... *(Se queda en silencio.)*

JAIME: Tranquilo, Esteban, tampoco tiene que ahondar en tanto detalle. *(Redirige el tema).* Entonces, ¿cuando llegaba borracho era violento y agresor?

ESTEBAN: Sí. Y, bueno... Nos acostumbramos a la rutina. Él llegaba borracho a golpearla y mi mamá lo recibía asustada, siempre con una estrategia diferente con la esperanza de que esta vez no hiciera nada. Y yo me encerraba en el cuarto, ponía música a todo volumen en mis audífonos y cerraba los ojos con fuerza hasta quedar dormido y amanecer al día siguiente. Todo ello con la fe de que nada muy grave hubiera pasado. Así pasó mi adolescencia. Mi mamá inventaba excusas cada vez más inverosímiles con respecto a sus golpes y yo, a pesar de mi buen rendimiento en el colegio, nunca logré ser el orgullo de mi papá. Él quiso otro hijo y mi mamá no podía dárselo.

JAIME: Me imagino que sus años de colegio fueron duros.

ESTEBAN: Cualquiera pensaría lo mismo. Pero no. Fui un estudiante de buenas notas, tuve un buen círculo de amigos. A quienes nunca les conté mucho sobre mi familia ni llevé a casa, pero eran amigos. Esto lo hemos cargado mi mamá y yo, estúpidamente en mi opinión, porque a él no lo necesitamos.

JAIME: Entiendo.

ESTEBAN: Así las cosas, fui creciendo y madurando. La agresión evolucionó: ya no entraba empujándola y obligándola a cocinarle, sino que ahora la abofeteaba, la insultaba y la dejaba herida física y psicológicamente. Yo ya no tenía música, audífonos ni oído que pudieran aislarme de aquellos sentimientos de repulsión hacia él. Así que un día bajé de mi cuarto y le grité. Le dije todo lo que llevaba guardado desde años. Lo insulté y le dije que era un borracho parásito que abusaba de la única persona que lo había tolerado en la vida. Y bueno...

JAIME: *(Intrigado.)* ¿Qué pasó?

ESTEBAN: Nada. Me escuchó, o eso creo. Estaba muy ebrio. Me escuchó, respiró y se volvió a mi mamá y le dijo: "Mujer inútil, ¿este es el único hijo que me diste? Uno que supo defender a su madre hasta los 19 años. ¡19 años! ¡Inútiles ambos!" *(Jaime permanecía en un silencio de pesar y Esteban en un silencio de confesiones duras.)*

JAIME: Gracias, Esteban.

ESTEBAN: *(confundido.)* ¿Por qué?

JAIME: Por compartir esto. No puedo ni empezar a entender lo duro que fue para usted. *(Apoya su mano en el hombro y lo presiona. Suelta y retoma la limpieza del charco).* ¿Qué más pasó ese día?

ESTEBAN: Gracias a usted por escucharme. Fue duro. Sin embargo, no me quise rebajar al nivel de él. Lo quise golpear. Pero justo cuando lo estaba pensando, él se fue. Nos dejó solos. Devastados.

(Suena el parlante.)

VOZ: Se le avisa a los acompañantes de pacientes que han sido trasladados que disponen de 10 minutos para retirar las pertenencias personales. Las pertenencias se entregarán en la sala o consultorio anterior. ¡Gracias!

JAIME: Ya casi se tiene que ir, Esteban.

ESTEBAN: Cierto. *(Vuelve a ver su reloj).* Solo quiero terminarle la historia, es agradable hablar con usted, aunque sea de temas tan tristes.

JAIME: Solo es triste si dejamos que sea triste. Siempre he pensado que de todo aprendemos. De todo.

ESTEBAN: Posiblemente. ¡Pero cómo cuesta! En fin, todo eso pasó. Hoy estamos acá por una razón similar a la de aquella noche. Como siempre, mi papá salió con el vecino; como siempre, volvió ebrio; y, como siempre empezó a agredir a mi mamá que lo esperaba esta vez con una sopa de tomate, según ella, para ayudarle con la resaca. Como fue en la cocina había un cuchillo cerca. Yo estaba en mi cuarto, los escuché. Bajé. Vi como él la arrinconaba con el cuchillo en la mano. Mi mamá estaba aterrada. Recuerdo todo en cámara lenta, bajé las gradas corriendo y me abalancé sobre aquel hombre. Como no me esperaba se fue de bruces contra la encimera de granito de la cocina. Logró incorporarse de alguna forma, vi como su mano aun sostenía el cuchillo y mandó una estocada al vientre de mi madre. La cortó. Vi como su vestido de flores empezaba a teñirse de rojo. Ella me miró con los ojos totalmente abiertos. Se llevó las manos a la herida y se llenó de sangre. Cuando él vio que había logrado herirla sus ojos se abrieron también, pero el golpe en su cabeza lo hizo caer inconsciente. También tenía sangre que le caía por el rostro. Mi madre estaba en un trance que no comprendía. Yo estaba lleno de adrenalina. Acaté a buscar toallas de la cocina para apretar su herida y que no mermara más sangre. La senté en la silla. Tomé el teléfono y llamé a Emergencias. Recuerdo levemente cuando llegó la ambulancia y nos subimos al vehículo. Del viaje no recuerdo nada. De hecho, lo único que recuerdo después del viaje, fue haber llegado acá y encontrármelo a usted hace unas horas.

JAIME: Necesita descansar, Esteban. Lleva mucho rato alerta. Lo que vivió hoy es algo importante. Requiere valor lo que usted hizo. ¡Usted es un joven muy valiente, Esteban!

(Mientras Jaime habla, Esteban se levanta de la banca. Se acerca a él y lo abraza. Lo abraza como un hijo que se reencuentra con el padre perdido. Jaime le golpea la espalda suavemente. En medio abrazo, Esteban mira su reloj y suelta repentinamente a Jaime.)

ESTEBAN: ¡Me tengo que ir, don Jaime! Gracias por escuchar. Necesitaba soltar esto hace tanto tiempo. Es la primera persona a quien le confío esto. Gracias por el tiempo y por todo... Y por limpiar el desastre *(sonríe y se limpia el vestigio de lágrimas que le queda en los ojos y mejillas).*

JAIME: Para nada, Esteban. Me alegra ayudar. Para eso estoy. Ojalá todo sea mejor de acá en adelante.

ESTEBAN: Muchas gracias. Ahora sí, me voy. ¡Buen día! *(Ve su reloj y sale apresurado.)*

(Jaime queda en la capilla solo. Empieza a revisar bien todo el piso para asegurarse de que no haya quedado ningún fragmento de cristal. Luego de terminar la revisión, se dirige a la sacristía con los utensilios de limpieza. Pausa. Se escuchan unos pasos acelerados, entra Alejandro, se asoma por la puerta de izquierda a derecha. Cierra la puerta. Se sienta en una banca, notoriamente cansado. Jaime sale de la sacristía silbando. Alejandro se asusta al verlo y se queda impactado en la banca.)

JAIME: Yo le juro que cada vez que entro a esa sacristía aparece una persona sentada. ¡Qué cosa más rara!

ALEJANDRO: *(Nervioso.)* Curioso... ¿o no? *(ríe forzada y nerviosamente).*

JAIME: *(Nota la puerta.)* ¿Cerró usted la puerta? ¿Pasó algo?

ALEJANDRO: Eh... Sí. La cerraron. ¿Quién es usted? Es la primera vez que lo veo acá.

JAIME: El conserje. Jaime, para servirle. ¿Entonces? *(Mira sugestivamente a la puerta).*

ALEJANDRO: ¿Qué? *(Entra en razón)* ¡Ah, la puerta! *(Nervioso y al hablar, resignado).* Yo la cerré. Perdón.

JAIME: Y, ¿por qué cerró? La capilla siempre permanece abierta, es lo que me han indicado a mí.

ALEJANDRO: ¿Puedo confiar en usted?

JAIME: El riesgo es suyo. No me conoce, no tiene por qué creerme si le digo que sí. Eso sí, si no me dice yo tengo órdenes de mantener abierto siempre.

ALEJANDRO: *(Pensativo.)* Bueno, bueno. Le diré. Necesito esconderme un momento. Me andan buscando y necesito pensar.

JAIME: *(Lo examina.)* No parece un criminal. ¿De quién huye?

ALEJANDRO: De mis jefes, de otros doctores, de mis compañeros entrometidos...

JAIME: Es mucha gente. ¿Piensa salir de acá? Porque si sale alguien lo va a ver.

ALEJANDRO: La verdad no sé qué hacer. Solo quería pensar un momento y que nadie me hablara.

JAIME: ¡Me disculpo, entonces! Seguiré con lo mío entonces.

ALEJANDRO: *(Al notar la interpretación de sus palabras.)* No, no. No lo digo por usted. No quiero hablar con ningún doctor ni nadie. Con usted no tengo problema. Perdone si se malinterpretó lo que dije.

JAIME: No se preocupe. ¿Y por qué lo busca tanta gente? ¿Por qué lo persiguen?

ALEJANDRO: Una situación delicada. Es una larga historia. Necesito pensar.

JAIME: No sería la primera historia larga del día. Yo seguiré con lo mío, pero si gusta le puedo ayudar a pensar. Con mi edad y experiencia, me han dicho que soy bueno aconsejando…

ALEJANDRO: Gracias.

(Pausa. Alejandro evidencia su estrés y preocupación. Don Jaime entra a la sacristía, saca un banquito de madera, una botella de spray y un trapito. Pone el banquito al frente del primer vitral y se dispone a limpiarlo. Alejandro resopla y decide confiar en el conserje.)

ALEJANDRO: ¿Alguna vez ha estado perdidamente enamorado? De esas sensaciones que lo único que quiere es tomar a esa persona y huir a donde sea pero que solo estén ustedes dos juntos. ¿Lo ha sentido?

JAIME: Un par de veces. Con un par de personas. Sí.

ALEJANDRO: ¿Y qué ha hecho?

JAIME: *(Rocía el líquido en el vitral, piensa en la respuesta mientras el líquido resbala por el cristal.)* ¿Qué he hecho cuando he sentido eso? ¿Esa es la pregunta?

ALEJANDRO: Sí.

JAIME: Cada uno ama a su estilo y a lo que su fuerza da. Es complicado.

ALEJANDRO: O sea, no me dirá. O se me pondrá muy filosófico. Como todos…

JAIME: No pretendía hacerlo, *(su prodigiosa memoria no tiene registro del nombre del enfermero)* joven. No me interrumpa, para que vea como llegamos a entendernos *(con una sonrisilla)*. A lo que iba es a que uno puede amar mucho a una persona, con mucha fuerza. Uno puede querer llevársela a donde sea y vivir juntos ese amor. Pero hasta el momento estamos olvidando algo muy importante, ¿sabe usted qué es?

ALEJANDRO: Mmm... No sé. ¿Dinero? ¿Un carro para desplazarse?

JAIME: No, mi amigo. Nos olvidamos de esa persona que amamos, precisamente. El amor que uno siente por otra persona no es necesariamente correspondido. Así que la respuesta a qué he hecho yo en esos casos es esta: corroborar que el amor es mutuo. Que ambos queremos irnos y vivir nuestro amor. No podemos olvidar nunca el consentimiento del otro, incluso hasta para amarlo. ¿Cuántos no han tenido su corazón roto al darse cuenta de que el amor que sentían no era mutuo? ¿Cuántos no han sufrido porque luego de años de una relación se dieron cuenta de que el otro nunca los amó como ellos? ¿Cuántos no están en una relación porque entraron en una rutina de la cual no quieren salir? ¿Cuántos no están en una relación solo porque el otro ayudó en un determinado momento crucial de su vida y después se convirtió en un infierno?

ALEJANDRO: Jue... *(Pensativo, reflexiona con un aire distinto a la tensión que tenía antes).*

JAIME: ¿Sabe usted si esa persona que ama tanto desea lo mismo que usted? ¿Se ha puesto a considerar lo que esa persona quiere? ¿O solo ha pensado en lo que USTED cree que esa persona quiere?

ALEJANDRO: Es complicado.

JAIME: Así es el amor. Lo primero que se debe hacer es valorar al otro, en sus deseos y aspiraciones. Si no son compatibles, solo hay dos caminos: uno, cada quien sigue por su lado; dos, logran llegar a un consenso... Y, bueno, tres, no hacen ninguna de las anteriores y se embarcan en una relación que será nociva para la felicidad de ambos.

ALEJANDRO: Sí, bueno, pues sigue siendo complicado.

JAIME: Simplifíquelo, entonces.

ALEJANDRO: Al grano, entonces. Me gusta ser práctico. Estoy enamorado de una paciente del hospital.

JAIME: *(Asombrado.)* Ya veo... ¿Qué tipo de paciente?

ALEJANDRO: De las que vienen a curarse. *(Indiferente).* ¿Importa eso?

JAIME: Más de lo que usted cree, joven. Puede estar enamorado de un paciente terminal, de alguien que viene a tratamientos, de alguien que viene a terapia o de alguien que vino por una gastritis. Todo eso cambia la realidad de la situación. *(Con un tono de molestia).* No lo preguntaba por chisme.

ALEJANDRO: Perdón, tiene razón. Pues no es ninguno de los tipos de paciente que menciona. Sí viene de manera frecuente, lamentablemente, pero no viene a tratamientos ni a terapia ni a sacar citas.

JAIME: ¿Entonces?

ALEJANDRO: Viene con heridas de abuso, de maltrato. Es una mujer agredida. Cada vez que ha venido me alegra verla, luego siento un coraje que me quema cuando me acuerdo de que viene porque un imbécil la golpea y abusa de ella.

JAIME: *(En silencio por un momento mientras piensa.)* Estamos de acuerdo. Sí es complicado.

ALEJANDRO: Y se va a complicar más. La paciente, Catalina, ingresó anoche. Herida con cierta gravedad. Pero eso no es lo peor. Cuando se le hicieron exámenes se encontró que había ingerido unas veinte o treinta píldoras de algún medicamento. Catalina se había tomado aquello justo antes de ser agredida... Tomó las píldoras y fue herida... La vida se le quería ir por dos caminos distintos: el suicidio o el homicidio.

JAIME: *(con genuina preocupación, se sienta al lado de Alejandro y le apoya su mano en el hombro.)* ¿Cómo está ella?

ALEJANDRO: Estable. La herida se trató y se realizó un lavado gástrico para eliminar las píldoras. Es un asco decirlo, pero la agresión le salvó la vida.

JAIME: Estamos de acuerdo. Es más complicado de lo que pensaba. ¿Y la persecución de sus compañeros y jefes entonces?

ALEJANDRO: Pues, todo empezó en las primeras ocasiones que ella venía. Siempre he sido enfermero asistente de los casos de urgencias. Soy de esos que procura bromear con los pacientes y sacarlos de su mal momento. Pero con ella fue diferente, fue ella quien logró sacarme a mí de un mal momento con tan solo conversar. La primera vez pasó, creí que nunca la volvería a ver. Pero volvió a las semanas y ocurrió otra vez. Y a las semanas otra vez. Hasta que recibí una reprimenda de mis jefes.

JAIME: ¿La reprimenda fue por tratarla bien y querer sacarla de ese mal rato? ¿O pasó algo más?

ALEJANDRO: *(Con pena.)* Pues, fue por tratarla bien... Mucho, quizás. Mi jefe nos vio en un consultorio... Nos estábamos besando. Yo sé que estuvo mal, pero no me arrepiento. ¿No tiene lógica sentirse culpable por amar a alguien o sí?

JAIME: He ahí la cuestión. El amor no sigue a la lógica. Ni la lógica al amor.

ALEJANDRO: Me trasladaron de área. Me prohibieron verla. Me han enviado con el Doctor Arroyo a terapias psicológicas y de ética. Básicamente me explican que hago mal las cosas, pero ellos no entienden.

JAIME: ¿Qué no entienden?

ALEJANDRO: Ella es una mujer agredida. Sufre. Me enamoré de ella por verla constantemente. ¿Sabe lo que ese "constantemente" significa? *(Sin esperar respuesta.)* Significa que la agreden cada semana y cada semana está acá otra vez. Por eso cuando digo que me la quiero llevar a donde sea, hablo en serio. No solo por fugarnos sino también para salvarla.

JAIME: *(Con tacto.)* Y ella… ¿Quiere ser salvada?

ALEJANDRO: ¿Cómo? Es obvio, ¿no?

JAIME: No tanto. Y perdón que lo diga como lo voy a decir, pero usted es directo y entonces yo también. Si ella desea ser salvada, ¿por qué no ha hecho nada para salvarse?

ALEJANDRO: *(Dudoso.)* No sé. ¿Por miedo? ¿Por lo que puedan decir de ella?

JAIME: Las personas agredidas por sus parejas tienden a justificar esas agresiones. Existen infinidad de casos donde las víctimas vuelven con sus agresores porque entienden en el otro que la agresión es justificada. Entienden que dicha agresión es por amor. Es absurdo y claramente peligroso, pero ocurre.

ALEJANDRO: Eso es estúpido. *(Molesto con Jaime por la aseveración).*

JAIME: Pero el amor también lo es, en ocasiones. No dudo de que sus intenciones sean buenas. Pero, así como se debe amar a quien quiere amor y nos lo corresponde, tenemos que salvar a quienes quieren ser salvados. Y sí, la situación podrá ser totalmente destructiva, pero no podemos obligar a las personas a amarnos ni a que se fuguen con nosotros. El amor es libertad, y libremente nos deben retribuir lo que damos. De lo contrario, solo somos "opresores" del amor.

ALEJANDRO: ¿Y si algún día la matan?

JAIME: Esperemos que no se llegue a ese extremo. Confiemos.

ALEJANDRO: *(Harto.)* Confiar. ¿Confiar? ¿Su recomendación es confiar en que no la van a matar?

JAIME: Es solo parte de mi recomendación.

ALEJANDRO: *(Sarcástico.)* ¿Y el resto de su sabia recomendación? ¿Cuál es?

JAIME: Todo el rato me ha dicho lo que usted quiere y siente. ¿Qué quiere ella? ¿Qué dice ella? ¿Qué siente? ¿Qué le preocupa? ¿Qué espera?

ALEJANDRO: *(Pensativo, dudoso.)* Ella… Ella me quiere a mí. Ha llegado a decir que me ama y me agradece lo que hago por ella. Le preocupa su esposo, llora por él, siempre que está acá llora por él. Creo que carga cierta culpa, pero…

(Suena el parlante. Es la voz de la Doctora Sandí.)

VOZ: Alejandro Esquivel, por favor dirigirse a la oficina de la Doctora Sandí de inmediato.

ALEJANDRO: Y vamos de nuevo… ¿Entonces?

JAIME: Comunicación. Decisión. Aceptación. Así como me habló a mí, hágalo con ella. Ambos tienen que saber qué quieren. Decidan juntos. Y para bien o para mal, acepte esa decisión. Tiene que ser de ambos.

ALEJANDRO: ¿Y si decide fugarse conmigo?

JAIME: Se fugan.

ALEJANDRO: ¿Y qué le diría a mi esposa?

(Jaime no puede aguantar la sorpresa. Se la cae de las manos el recipiente con el líquido para los vidrios, se hace un charco.)

JAIME: ¿Qué?

ALEJANDRO: *(Riéndose fuertemente.)* Es broma, don Jaime, no estoy casado. Quería cambiar el tono de la conversación ahora que me voy. Iré a que me regañen, luego a hablar con ella y después… Que sea lo que Él quiera *(señalando con la cabeza a la imagen del Jesús crucificado)*.

JAIME: *(Aún riendo pero con señas de un asombro que no contemplaba tener.)* Que sea lo mejor, Alejandro. Ese es su nombre, ¿verdad?

ALEJANDRO: Sí, señor. *(Incómodo).* Gracias por escucharme. Anote un buen consejo más a su currículum. ¡Tenga un buen día!

(Alejandro abre las puertas que había cerrado, se asoma nuevamente como cuando había entrado, le hace un gesto de despedida con la mano a Jaime y se va. Jaime coloca sus artículos de limpieza en una banca y se dirige a la sacristía. Se escuchan pasos apresurados de fuera. Entra Esteban, con dos bolsas en sus manos)

ESTEBAN: *(Llamando.)* ¡Don Jaime! ¡Don Jaime!

(Jaime sale de la sacristía, caminando hacia atrás y examinando la pequeña habitación de la que acaba de salir.)

JAIME: Increíble, en serio.

ESTEBAN: ¿Qué es increíble?

JAIME: Que yo entro a esa sacristía y salgo y hay una persona diferente acá adentro. ¿Me buscaba?

ESTEBAN: Sí. ¿Le puedo pedir un favor?

JAIME: ¡Claro!

ESTEBAN: Hace un par de días escribí una carta para mi padre porque he pensado seriamente en fugarme de la casa pero no he sido valiente para hacerlo. Además de que no podría dejar a mi madre ahí sola con él. *(Sacude la cabeza.)* El punto es que acá tengo la carta, le dejé una nota en la camilla a mi papá. Si todo sale bien, él vendrá a buscar esa carta con usted. ¿Me haría el favor de entregársela?

JAIME: Creo que ya contaba con que lo haría, Esteban. *(Riendo)*. Pero lo haré, no se preocupe.

ESTEBAN: Le escribí para que buscara a don Jaime. Quiero que él la busque, por favor, no lo busque usted a él. Por eso no le dejé la carta solamente. Solo espere a que él llegue.

JAIME: Solo espero. No lo busco. De acuerdo.

(Esteban le extiende un sobre. Jaime lo toma y lo guarda en uno de los bolsillos de su pantalón.)

ESTEBAN: Le sigo agradeciendo todo lo que ha hecho por mí. *(Lo abraza)*.

JAIME: Tampoco es tanto. Solo lo escuché y ahora soy su cartero. *(Ríe)*.

ESTEBAN: Es usted un excelente cartero y escuchador, entonces. Gracias, don Jaime. Me voy. *(Se apresura a salir)* ¡Ah, hola, doctor! *(Sale y al instante entra el Doctor Arroyo)*.

DOCTOR ARROYO: ¡Buen día, don Jaime! *(Viendo el reguero)*. Perdón, eso fui yo.

JAIME: No, doctor. Este charco es nuevo. *(Bromea)*. Lo hice yo mismo, para tener algo que hacer. ¿Cómo va todo?

DOCTOR ARROYO: *(Se sienta.)* Va. Avanzando pero va.

JAIME: ¿Y sus hormigas?

DOCTOR ARROYO: En la casa, en la playa, en alguna salita de espera haciendo nada… *(Irónicamente.)* Yo soy mis hormigas. *(Se acomoda de manera más cómoda en la banca)*. Por eso quise fugarme un rato yo también. Cuénteme, don Jaime, ¿qué acontece en el mundo de nuestra capillita?

JAIME: Estoy empezando a dudar sobre los poderes de la sacristía.

DOCTOR ARROYO: ¿Por qué así?

JAIME: Como en esta capilla hay regueros por todas partes tengo que estar entrando a la sacristía que es donde guardo mis cosas. Y cada vez que entro, aparece una persona sentada ahí donde está usted. Es extraño, ¿no?

DOCTOR ARROYO: O es solo que a las capillas va la gente cuando tiene problemas. Y estamos en un hospital, si hay algo acá de sobra definitivamente son los problemas.

JAIME: ¿Qué pasa, doctor? ¿Por qué ese pesimismo? Sí, estamos en un hospital. Hay problemas. Pero hay muchas cosas buenas también: parejas que por fin reciben a su bebé, pacientes que son operados ante una dolencia que tenía años, pacientes que retoman su vida normal luego de terapias…

DOCTOR ARROYO: Su optimismo me cae tan bien como excremento de pájaro en un paseo por el parque.

JAIME: Ni siquiera es optimismo, doctor, solo es una cuestión de balance. Hay cosas malas, sí, pero también hay cosas buenas.

DOCTOR ARROYO: Don Jaime, ¿vio usted hace poco a una señora que entró a esta capilla? Me dijeron que estuvo acá. ¿La vio?

JAIME: ¿Hablamos de una señora muy elegante que se hace llamar Rocío Arguedas Oconitrillo?

DOCTOR ARROYO: *(Impresionado por los detalles.)* Sí, ella. ¿Tuvo la oportunidad de hablar con ella?

JAIME: Muy poco. Está casada con un tal Paco y mencionó algo sobre su hija.

DOCTOR ARROYO: Sí, esa misma. Su esposo Paco murió hace 5 años. Y su hija… *(Con tono serio).* Su hija la dejó ayer en una salita de espera y se fue. Según nos contó una secretaria, le dijo que volvería por ella en diez minutos porque iba al baño. Revisamos cámaras del parqueo. A los diez minutos ella estaba en su carro saliendo del hospital. Abandonó a su madre, don Jaime. A su madre que padece de Alzheimer. Esto es tan triste que la víctima ni siquiera sabe que es una víctima. ¿Cómo puede ser uno optimista en un mundo donde pasa eso?

(Mientras Jaime escucha su lenguaje corporal se derrumba, primero deja de limpiar, luego suelta el trapeador, y finalmente, se sienta en la otra banca, afectado por la noticia. El silencio se hace largo y trágico. Ninguno tiene palabras.)

DOCTOR ARROYO: Y ese es sólo uno de tantos casos que tengo, don Jaime…

JAIME: La vida es dura, doctor… Es injusta…

DOCTOR ARROYO: No es la vida, don Jaime. Es la gente, las personas. ¡La gente es un asco! Somos una plaga para el mundo y hasta para nosotros mismos.

(Cada frase lleva un silencio de reflexión. Tanto Jaime como el Doctor Arroyo se muestran decepcionados.)

JAIME: *(Con una nueva idea.)* ¿Puedo seguir siendo terco?

DOCTOR ARROYO: Aunque diga que no, me lo dirá... *(En un muy sutil tono jocoso).* Precisamente por terco.

JAIME: No es toda la gente, doctor. No todos somos un asco. Siempre he sido de la creencia de que el mundo tiene más gente buena que mala. Y, por lo tanto, más acciones buenas que malas. ¿Sabe cuál es el problema, doctor?

DOCTOR ARROYO: Todo.

JAIME: No. El problema es la exposición de lo malo. Vivimos en un mundo donde lo malo hace eco por todas partes. Y los buenos gestos quedan en la cotidianidad, en un segundo plano, en el injusto olvido.

(Otro silencio, más corto esta vez.)

JAIME: Por ejemplo, ¿cuál es su mejor caso? *(Viendo la cara de negatividad).* Me explico: ¿cuál es el caso que no es del todo malo? Alguno que pueda tener un desenlace aceptable.

DOCTOR ARROYO: ¡Qué difícil! *(Pensando).* Supongo que existe un caso. O al menos un romántico podría decir que sí.

JAIME: Cuénteme, doctor.

DOCTOR ARROYO: Hay un caso. *(Cauto).* Esto queda entre nosotros, Jaime.

JAIME: Por supuesto.

DOCTOR ARROYO: Tenemos un enfermero muy bueno, que trabaja... Trabajaba en el área de urgencias. Lo tuvimos que reubicar luego de que nos informaran que estaba involucrándose sentimentalmente con una paciente. Él, según lo que me ha dicho, está enamorado de ella. Ella, pues, visita el hospital a raíz de agresiones que sufre en su hogar.

JAIME: *(Que ya sabe de que situación le hablan.)* Ajá...

DOCTOR ARROYO: Nosotros tenemos que informar, por ley, cuando sospechamos que una persona viene con heridas de abuso y agresión. Y lo hemos hecho. Sin embargo, nos enteramos de que cuando las autoridades han llegado donde ella, ella niega todo. No parece querer salir de ese ciclo de abuso. Nuestro enfermero, enamorado, la sigue observando a hurtadillas cuando ha llegado. Quiere saber cómo está y, más que eso, quiere llevársela con él. Y a pesar de que ella le corresponde ese amor, ella no quiere irse de la casa.

JAIME: ¿Por qué a un romántico le gustaría esa historia?

DOCTOR ARROYO: Porque si todo sale bien para Al…, para el enfermero, él se la lleva y juntos empiezan una nueva vida dejando todo atrás: él a su trabajo acá y ella a su familia.

JAIME: ¿Y usted qué opina?

DOCTOR ARROYO: Él debería entender que ella no piensa salir de ese círculo de violencia. Que lo percibe a él como un bálsamo. No sé, está mal, pero en mis peores momentos hasta he llegado a pensar que ella acepta la agresión para poder verlo… Yo no sé. Y no la voy a juzgar, aunque ya lo hice. Pero, lo que sí entiendo es que ella no tiene intención o valentía para salir de eso. Y él debería entenderlo, por más que le duela, y decidir si quiere y necesita su trabajo. Es decir, en el mejor de los casos se fugan y abandonan su vida; y, en el peor de los casos, ella sigue en su ambiente dañino y él sufre por el desamor. Nosotros, como hospital, perderíamos un enfermero. Pero, no sería el fin del mundo.

JAIME: Hasta en los hospitales el amor es un problema. ¿No cree que eso es, hasta cierto punto, bonito?

DOCTOR ARROYO: Lo puede ser. Pero, don Jaime, tengo muchos casos encima. Soy el único doctor encargado de relaciones laborales y que da acompañamiento psicológico al personal. Tengo que cubrir mis citas como cualquier otro. Cubro a varios compañeros que no están por motivos que me da coraje explicar. Y llevo posiblemente cuatro o cinco días sin ver a mi familia. ¿Cree usted que le voy a tomar la importancia a un enamoramiento? Cuando la Doctora Sandí lo único que hace es exigirme. Yo sé que puedo rendir pero ya no se puede… Créame, don Jaime, con tanto problema encima yo no estoy disponible para atender amores imposibles ajenos.

JAIME: El que debería fugarse es usted, doctor.

DOCTOR ARROYO: Ni lo dude.

JAIME: Hablo en serio. A ver, doctor, usted trabaja en esto. ¿No se da cuenta de lo que le pasa?

DOCTOR ARROYO: ¿A mí? ¿Qué me pasa?

JAIME: Está saturado. Cree que puede con todo… Y es posible que sí pueda con todo, pero debe tomar sus descansos respectivos. No está en sus capacidades plenas ahorita.

DOCTOR ARROYO: Pero tengo que hacer todo.

JAIME: ¿De verdad?

DOCTOR ARROYO: Me necesitan para que esto funcione bien.

JAIME: ¿Cómo trabajaría mejor? ¿Dentro de 15 minutos o luego de un descanso de un día al menos?

DOCTOR ARROYO: Es evidente. Después de un día libre.

JAIME: A ver, doctor, no se me quede atrás. Usted trabaja con estas situaciones. Está sobreexplotado. Hasta a nivel físico. Es imposible dar lo que no se tiene. Sus pacientes, compañeros o quien sea no pueden recibir paz de alguien que está pasando por una etapa laboral tan fuerte y exigente. ¡Váyase a descansar, doctor! *(Bromeando).* ¡Yo le doy permiso, adelante!

DOCTOR ARROYO: Ojalá fuera tan fácil.

JAIME: Se lo pongo así, doctor: ¿qué le diría usted a un compañero que le explicara todo lo que usted me dijo a mí? No dudo de su sabiduría. ¿Qué contestaría?

DOCTOR ARROYO: *(Pensativo y terco.)* Tal vez no estoy priorizando mis obligaciones y mis tiempos libres… Puede ser una cuestión de manejo del tiempo y de la carga laboral.

JAIME: ¡Váyase de vacaciones! No se haga el tonto, doctor. Lo está haciendo muy bien, pero necesita descansar, usted lo sabe.

DOCTOR ARROYO: Lo analizaré, pero no quiero dejar nada inconcluso.

JAIME: Me sienta bien saber que no soy el único "terco" con la vida.

(Suena el parlante. Es la voz de la Doctora Sandí.)

VOZ: Doctor Arroyo, por favor, presentarse a mi oficina con la mayor brevedad. ¡Muchas gracias!

DOCTOR ARROYO: *(Levantándose pesadamente de la banca.)* ¡Y volvemos!

JAIME: Pida unas vacaciones, termine lo que tenga que hacer hoy pero váyase a descansar.

DOCTOR ARROYO: *(Acercándose a la puerta.)* Lo pensaré, don Jaime. *(Viendo el charquito. Bromea.)* Usted es el que se da muchas vacaciones, aún sigue mojado el piso. ¡Mucha conversación y poco trabajo!

JAIME: *(Sigue la broma. Contesta en tono militar.)* ¡Señor, sí, señor!

(El Doctor Arroyo se ríe. Sale por la puerta. Jaime retoma su interrumpida limpieza. Se escucha el sonido de ruedas oxidadas, de esos atriles metálicos que sostienen las bolsas de suero de los pacientes. Seguido del chirrido se oyen unos pasos pesados, cansados y lentos. Entra una mujer con bata de paciente a la capilla. Su pelo es negro y se ve descuidado. Su rostro, aún joven, evidencia años mal vividos y

una juventud cercenada. Se nota cansada, en mala condición y con ciertos moratones en sus brazos y cara. Busca algo)

JAIME: ¡Buenos días, señora!

CATALINA: *(Con voz baja y débil.)* Buenos días. *(Sigue escudriñando la estancia)*. ¿Por casualidad no ha visto usted un muchacho por aquí?

JAIME: Posiblemente, ¿cómo es?

CATALINA: Es un muchacho joven. Flaquito. Tiene una barba despeinada.

JAIME: *(Incrédulo)* Creo que sí. ¿Cómo se llama él?

CATALINA: Esteban.

JAIME: *(Asombrado)* Y usted, ¿cómo se llama?

CATALINA: Catalina. Esteban es mi hijo.

TELÓN

TERCER ACTO

En la capilla. Dos días después. El recinto luce impecable. Una luz tenue y naranja golpea los vitrales de la capilla anunciando el ocaso. El telón se abre lentamente mientras Jaime y Catalina conversan amistosamente sentados en las bancas. Catalina luce mejor, con más vida, más alegre. Don Jaime es el mismo corazón de oro de siempre.

CATALINA: (*Entre risas.*) ¡Ay, don Jaime! Usted me hace reír mucho y yo tengo mis heridas frescas todavía. ¡No sea tan insensible!

JAIME: (*Riendo también.*) Todo es culpa suya, doña Cata. Usted fue la que me preguntó la historia del embarazo fingido.

CATALINA: ¿Y su amigo creyó el embarazo durante 6 meses?

JAIME: Así como se lo digo. Él creyó seis meses que iba a ser tío de una almohada. (*Riendo*.)

CATALINA: ¡Ay no! ¡Qué divertido! Ha sido de las ocasiones que mejor la he pasado en un hospital.

JAIME: (*Con tono malicioso.*) Bueno, a mí me han contado...

CATALINA: Ya, ya. (*Ríe*). Que eso es un secreto de Estado y no puede salir de acá. (*Cambia a un tono más serio*). Hoy es la última visita que le hago, don Jaime. Me dijeron que en la noche me permiten la salida. No estoy segura de querer irme.

JAIME: (*Serio.*) Pero tiene que irse, doña Cata. La vida es allá afuera. Esto es como los "pits" de Fórmula 1: ustedes los pacientes vienen con una llanta ponchada, acá los reparamos rápidamente y los pacientes salen nuevamente a la carrera de la vida. ¡Solo ganan los que siguen en la carrera, doña Cata!

CATALINA: ¿Y si yo no quiero necesariamente ganar la carrera?

JAIME: A diferencia de los carros de Fórmula 1, los pacientes tienen sentimientos y emociones. Pero, igual debe seguir en la carrera. Y tendré que cambiar de analogía, pero la carrera que tiene que seguir es contra usted misma. No estoy siendo odioso, pero no la quiero ver más acá, doña Cata. Ya es mucho. Usted, al igual que cualquier ser humano del mundo merece paz y felicidad.

CATALINA: (*Suspira.*) Suena muy lindo eso…

JAIME: Lo es. Pero, primero, doña Cata, reconcíliese con usted misma. Carga culpas que no le corresponden, que (*Con énfasis.*) "otros" le han echado encima. Una vez que se perdone a usted misma será capaz de lidiar con lo demás. Tome las decisiones con su corazón, pensando primero en usted.

CATALINA: ¿En mí?

JAIME: Sí. Yo le llamo "egoísmo saludable" y sirve para todo. Si usted está primero bien con usted misma, podrá estar bien para los demás. Esto sirve para las relaciones, para el trabajo, para la felicidad y (*Bromeando.*) hasta para la comida. Me inventé este término cuando escuché una frase que le atribuían a Cantinflas (*Aclara ante el rostro de incredulidad de Catalina.*), sí, el comediante: "La primera obligación de todo ser humano es ser feliz, la segunda es hacer feliz a los demás". Y tiene que ser en ese orden, de lo contrario, es contraproducente.

CATALINA: (*Impresionada.*) Ya en serio, don Jaime, ¿qué hacía usted antes cuando no era conserje? ¿Qué estudió? ¿Dónde trabajó?

JAIME: Por ahí y por allá. Estudié un poco de todo. No tiene importancia (*despreciando la idea con un movimiento de mano*). Le cito otra vez a Cantinflas: "Por más diplomas, cargo, o dinero que tengas, como tratas a las personas es lo que define tu educación". Por lo tanto, todo eso da igual. Solo quiero que me recuerde como el conserje excesivamente conversador de la capilla del Hospital Metropolitano.

CATALINA: Me impresiona mucho, don Jaime. Lo admiro. Y le agradezco la conversación de estos días. Creo que Dios me lo puso acá especialmente para mí.

JAIME: Eso… O tal vez, todo lo que hemos hecho en la vida nos ha conducido hasta acá. Pero es muy bonito sentirse especial. ¡Gracias, doña Cata!

CATALINA: ¡No, gracias a usted, don Jaime! (*Se incorpora y extiende los brazos*). Creo que me voy ya, antes de que me busquen para la última dosis de medicamentos.

JAIME: (*Se levanta y la abraza.*) ¡Todo saldrá mejor cuando usted quiera que salga mejor, doña Cata! ¡Cuídese mucho!

(*Termina el abrazo. Catalina se acerca a la puerta. Se detiene. Habla con un aire triste*)

CATALINA: ¿Nos volveremos a ver?

JAIME: En estas circunstancias espero que no. Pero si algún día quiere venir a la capillita, ojalá con un pancito para acompañar el café, yo no me enojo. Yo estaré acá cuando me busque. (*Le guiña un ojo.*)

CATALINA: ¡Usted es un sol, don Jaime! Debería ganarse la lotería de mañana.

JAIME: No, no, eso es mucha plata. Yo prefiero hacerme millonario trabajando que por suerte. Pero gracias por las buenas intenciones. ¡Cuídese mucho, doña Cata!

CATALINA: ¡Adiós, don Jaime! (*Camina con lentitud pero con más energía que días atrás. Sale*).

JAIME: (*Para sí mismo*) Bueno, creo que ya mi trabajo está hecho. Me voy feliz...

(*Jaime entra a la sacristía. Sale con un bulto en su espalda. Observa la capilla sonriente y sale por la puerta. La iluminación del lugar cambia sutilmente, la luz se debilita un poco. Todo queda en silencio. Entra el Doctor Arroyo, parece buscar algo, se sienta. Se nota un poco más tranquilo. Espera un momento. Entra a la sacristía y vuelve con un vaso de agua. Se oyen unos pasos, entra Doña Marta, una mujer bajita y gordita vestida con el mismo color azul de conserje. En su delantal blanco tenía unos guantes de trabajo que se coloca.*)

DOCTOR ARROYO: ¡Buenas tardes!

DOÑA MARTA: Buenas tardes, doctor.

(*Pausa. Doña Marta entra a la sacristía y sale con un plumero para quitar el polvo.*)

DOCTOR ARROYO: Disculpe, señora, ¿usted sabe si ya el turno de su compañero terminó?

DOÑA MARTA: (*Saca un reloj de su delantal y lo observa.*) Sí, doctor. Hace una media hora debió de haber salido. ¿Le ayudo en algo?

DOCTOR ARROYO: No, muchas gracias. Tenía una conversación pendiente con él. ¿Cuándo regresa él?

DOÑA MARTA: Mañana en la mañana. Como a las cinco de la mañana.

DOCTOR ARROYO: Ya veo. Mañana lo buscaré. ¡Que tenga un lindo día!

DOÑA MARTA: ¡Gracias, doctor! ¡Igualmente!

(*El Doctor Arroyo se dirige a la puerta, pero se topa con la Doctora Sandí. La doctora lo toma de los hombros y lo lleva hacia adentro de la capilla. Antes de hablarle observa la capilla y quiénes están.)*

DOCTORA SANDÍ: *(Con un tono de secretismo.)* Doctor, necesito hablar con usted. No se vaya todavía. Es mejor aquí que en otro lado.

DOCTOR ARROYO: Dígame, ¿qué pasó?

DOCTORA SANDÍ: Hay una situación con el caso de Catalina. Debemos ser prudentes. Ella me pidió esto personalmente.

DOCTOR ARROYO: ¿Qué le pidió?

DOCTORA SANDÍ: Su hijo, Esteban, estuvo acá hace un par de días. Según entiendo, él defendió a su mamá y fue quien se abalanzó sobre el papá. Él sabe que ambos están heridos: el papá con una fuerte contusión en su cabeza y su mamá con un corte profundo en su abdomen. Pero hay un pequeño detalle…

DOCTOR ARROYO: Dígame, doctora, déjese de rodeos.

DOCTORA SANDÍ: Esteban no sabe sobre el intento de suicidio. No tiene idea. Según él, su mamá sigue en observación solo por la herida. Pues, Catalina me pidió, me suplicó que no le dijera nada sobre eso a su hijo. Dijo que le partiría el corazón a su hijo saber que ella pensó y decidió rendirse.

DOCTOR ARROYO: Su esposo le salvó la vida. Con un corte en el abdomen. Esto es como en matemática: menos y menos da más. ¡Increíble!

DOCTORA SANDÍ: Lo es. Nadie le puede decir esto a su hijo. El expediente de ella se encuentra en mi oficina, por lo que cualquier enfermero o doctor dirá que está en observación por su herida nada más. Quiero asegurarme de que nadie le pueda decir eso a Esteban. He hablado mucho con el chico y no quisiera verlo sufrir más por sus papás.

DOCTOR ARROYO: No pasará, doctora. ¿Ya habló con Alejandro sobre esto?

DOCTORA SANDÍ: Sí.

DOCTOR ARROYO: Entonces, solo nosotros tres lo sabemos. Estará bien guardado el secreto.

DOCTORA SANDÍ: Gracias, doctor.

DOCTOR ARROYO: Para nada. Es un gusto. *(Cambia de tema).* ¿Qué pasó con doña Rocío?

DOCTORA SANDÍ: La pobre sigue esperando la cita de Paco. No quise contactar con la familia, si es que se le puede llamar así a quien te abandona. Presenté las pruebas pertinentes y solicité que se la llevaran al Centro de Tratamiento y Cuido a Pacientes con Alzheimer. Vienen por ella mañana. Estoy feliz por eso, ahí los tratan muy bien.

DOCTOR ARROYO: ¡Enhorabuena! Me alegro. (*En un tono más serio*). Con permiso, doctora, me devuelvo al trabajo.

DOCTORA SANDÍ: Espere, doctor. Hay otro asunto del que quiero hablar.

DOCTOR ARROYO: ¿Ajá?

DOCTORA SANDÍ: ¿Cuántos casos tiene asignados ahorita?

DOCTOR ARROYO: Siendo muy honesto, doctora, no recuerdo. Creo que perdí la cuenta. Cubro a muchos compañeros.

DOCTORA SANDÍ: No lo haga más.

DOCTOR ARROYO: (*Confundido.*) ¿El qué?

DOCTORA SANDÍ: Que no siga con los casos. Que deje todo así.

DOCTOR ARROYO: ¿Cómo? Y entonces, ¿qué hago? ¿Quién los atiende?

DOCTORA SANDÍ: Alguna persona atenderá eso. Le solicité dos semanas de vacaciones. Usted lleva dos años sin descansar. Ayer hablé con su esposa por teléfono y ya tienen reservaciones en un resort de playa. Le ordeno que atienda a dicha reservación. No quiero saber de usted hasta enero. Y usted no quiere saber de nada de acá hasta enero tampoco.

DOCTOR ARROYO: (*Sorprendido*) ¿Cómo? ¿Por qué?

DOCTORA SANDÍ: (*Escudriñando alrededor.*) Solo digamos que una "hormiguita" me lo sugirió. Termine sus asuntos de hoy. Termine el caso de Alejandro y vaya a disfrutar de la vida real fuera de las paredes del hospital.

DOCTOR ARROYO: No sé qué decir, doctora. Gracias. De verdad que me sentará bien el descanso.

DOCTORA SANDÍ: No me agradezca a mí. Otra persona me abrió los ojos. Valoro mucho su trabajo acá, doctor Arroyo, tanto que me daré el lujo de extrañar sus labores durante dos semanas. (*Ve su reloj*). Ahora si me disculpa debo retirarme (*Se dirige a la puerta*).

DOCTOR ARROYO: ¡Doctora Sandí!

DOCTORA SANDÍ: (*Se detiene antes de salir*) ¿Sí?

DOCTOR ARROYO: (*Con un alivio genuino en su rostro y en su voz*) Gracias. En serio.

DOCTORA SANDÍ: No es a mí a quien tiene que agradecer, ya le dije. ¡Buenas tardes, doctor! (*Sale*)

DOCTOR ARROYO: Me voy yo también. (*A doña Marta, que quitaba el polvo del altar y los demás muebles*). ¡Buenas tardes, señora! (*Sale*).
DOÑA MARTA: Buenas tardes, doctor.
(*Doña Marta continúa quitando el polvo. Cuando termina entra a la sacristía. Mientras está allí, se escuchan unos pasos apresurados desde afuera. Entra don Jaime con prisa.*)
JAIME: ¿Dónde las puse? (*Busca en las bancas y en el piso. Finalmente, encuentra unas llaves debajo del reclinatorio.*) ¡Eso! ¡Acá están! (*Observa la puerta donde ve una silueta acercarse*).
(*En la puerta se asoma un hombre, con un vendaje en la cabeza. Tiene bata de paciente y camina con dolor. Es el Papá.*)
JAIME: ¡Buenas tardes, señor! ¿Necesita algo? ¿Le puedo ayudar?
PAPÁ: Sí. (*Saca un papelito de la bolsa de su bata. Lo lee*). ¿Es usted don Jaime, el conserje?
JAIME: Eso dicen, sí.
PAPÁ: Soy el papá de Esteban Molina. Él me dejó una nota. La nota decía que lo buscara a usted, que usted tenía algo importante para mí.
JAIME: Sí, señor. Está en lo correcto. (*Curioso*). ¿Solo eso decía la nota?
PAPÁ: La nota dice: "… si en serio me ama, por favor, vaya a buscar el conserje. Él le dará una nota donde expreso lo que siento. Necesito saber que me ama y que quiere cambiar…"
JAIME: (*Busca en sus bolsillos del pantalón. Saca el sobrecito que le dio Esteban. Se lo da.*) Aquí lo tiene, señor. Espero que todo salga bien.
PAPÁ: ¡Gracias, señor! ¡Buenas tardes! (*Sale*).
JAIME: Con gusto… (*Sonriente. Mira su reloj y se apresura hacia la puerta*). ¡El tren me deja! (*Sale*)
(*Doña Marta sale de la sacristía y busca el origen de las voces. No ve a nadie. Empieza a barrer el piso mientras canta suavemente "La vida te da sorpresas". Afuera se oyen unos pasos conocidos. Entra el Papá.*)
PAPÁ: Perdone que moleste… (*Al ver a doña Marta*). ¿Jaime? ¿Se fue?
DOÑA MARTA: (*Confundida*) ¿Quién?
PAPÁ: Jaime, su compañero. ¿Se fue?
DOÑA MARTA: No conozco a ningún Jaime, señor. No sé de que me habla.
PAPÁ: ¿Segura? Justo acabo de hablar con él.
DOÑA MARTA: Segura. No sé de quién me habla.

PAPÁ: Extraño. Gracias. Adiós. (*Sale sin esperar respuesta*).

DOÑA MARTA: (*Para sí misma.*) ¿Y ese Jaime quién carajos será? (*Continúa barriendo*).

(*Entra Alejandro. Camina decidido.*)

ALEJANDRO: Buenas tardes. Señora, ¿ha visto a don Jaime?

DOÑA MARTA: (*Otra vez confundida.*) ¿A cuál don Jaime andan buscando? Creo que les dijeron algo mal.

ALEJANDRO: No, yo hablé con él estos días. Es conserje de esta zona.

DOÑA MARTA: No conozco a ningún don Jaime en limpieza.

ALEJANDRO: (*Molesto con el escepticismo de doña Marta.*) Yo sí lo conozco. Lo esperaré. Me dijo que cuando lo necesitara él estaría acá. (*Se sienta en una banca*).

DOÑA MARTA: Mejor espere sentado, entonces.

(*Alejandro chista con los dientes. Ve con cierta molestia a doña Marta. Ocasionalmente ve hacia la puerta y la sacristía. Desde afuera, se oyen unos pasos débiles y lentos. Es Catalina. Alejandro se asusta y se pone de pie, todo su cuerpo grita ansiedad.*)

CATALINA: (*Sorprendida.*) ¡Alejandro! ¿Qué hace aquí?

ALEJANDRO: ¿Yo? Este… (*Nervioso*). Buscaba al conserje. Pero no lo encuentro.

CATALINA: Pero, ahí está la señora. Ella le puede ayudar.

ALEJANDRO: Sí, claro. Bueno, yo no la buscaba a ella. (*A doña Marta*). Perdone. (*A Catalina*). Buscaba al señor.

CATALINA: ¿A don Jaime?

(*Doña Marta torna los ojos en blanco con un gesto de desdén*).

ALEJANDRO: Sí, a don Jaime. ¿Lo conoce?

CATALINA: Hace dos días. Es muy gentil.

ALEJANDRO: Por supuesto. El otro día… (*Se petrifica al ver la puerta*).

(*El Doctor Arroyo entra por la puerta. Reconoce a Alejandro y le hace un gesto de saludo con la cabeza. Voltea hacia donde Catalina y sus ojos se abren más. Queda impactado.*)

ALEJANDRO: (*Asustado.*) No, doctor Arroyo, no es lo que parece. Se lo juro. Pregúntele a doña Marta. (*El doctor Arroyo se queda en silencio, meditando*). En serio, pregúntele. No es nada de lo que usted crea.

CATALINA: Hágale caso. Dice la verdad. Nos encontramos por mera casualidad.

(*El Doctor Arroyo duda.*)

DOCTOR ARROYO: (*A doña Marta.*) Disculpe, señora. ¿Le puedo preguntar algo?
DOÑA MARTA: Claro.
DOCTOR ARROYO: ¿Qué hacen estos dos acá?
DOÑA MARTA: Me atrevería a decir que nada. O se escaparon de la zona psiquiátrica porque buscan fantasmas los dos. (*Con desdén.*)
(*Alejandro y Catalina la miran con molestia. El doctor Arroyo se vuelve hacia ellos con mirada incriminadora.*)
DOCTOR ARROYO: Entonces, ¿casualidad?
ALEJANDRO: Dígale, señora. Usted nos escuchó. Contéstele qué hacíamos acá.
CATALINA: Por favor.
DOÑA MARTA: (*Ojos en blanco antes de hablar.*) Andan buscando a un conserje que no conozco. Como que alguien inició una broma en el hospital de buscar a un empleado de limpieza que no existe. Nadie me pide a mí los favores ahora.
DOCTOR ARROYO: Yo también lo hice antes. (*Intrigado*). ¿A quién buscan ellos? ¿A don Jaime?
DOÑA MARTA: (*Molesta*). Y otra vez con el don Jaime ese que me tiene hasta la coronilla. ¡No hay ningún don Jaime en esta zona de limpieza!
(*El doctor Arroyo mira desconcertado a Alejandro y a Catalina, que tienen expresión de controlar la situación. Luego se dirige hacia doña Marta.*)
DOCTOR ARROYO: Señora, yo mismo le pregunté antes por él. Usted me dijo que volvería mañana temprano.
DOÑA MARTA: (*Recordando.*) Sí. Pero usted no me dio nombres. Creí que hablaba de don Gustavo. Él y yo compartimos el horario de limpieza de este pabellón del hospital. Pero Jaime no conozco ninguno.
DOCTOR ARROYO: Imposible. (*Alterado*). ¿Estará haciendo una broma? (*Entra a la sacristía y sale en seguida*). ¡Don Jaime, no es gracioso!
ALEJANDRO: Doña Marta, ¿está totalmente segura de que no conoce a ningún conserje llamado don Jaime? ¿Ni siquiera a alguien que haya sido trasladado o esté cubriendo a un compañero?
DOÑA MARTA: Segurísima. No estoy loca. No discutiría por algo así a no ser que esté cien por ciento segura.
CATALINA: Pero yo hablé con él temprano…
ALEJANDRO: Yo ayer por la noche.
DOCTOR ARROYO: Yo en varias ocasiones en estos días. Imposible. (*A doña Marta*).

(Todos se quedan pensativos y confusos. Doña Marta los observa con cierta lástima. Se oyen unos pasos de tacón familiares. Es la doctora Sandí. Entra. Los observa a todos y deja ver su rostro de severidad).

DOCTORA SANDÍ: ¿Y esta fiesta a la que no fui invitada? *(Con dureza, al doctor Arroyo)*. ¿Qué pasó acá? *(Señala con su mano a Catalina y a Alejandro)*.

DOCTOR ARROYO: Antes de contestarle. Déjeme hacerle una pregunta de vida o muerte. ¿Puedo?

DOCTORA SANDÍ: Doctor, sabe que me tiene que explicar lo que pasa aquí. No me venga con trucos.

DOCTOR ARROYO: Le juro que es importante. Primero conteste mi pregunta y después respondo lo que quiera. Es muy, pero muy importante.

DOCTORA SANDÍ: Escucho.

DOCTOR ARROYO: ¿A qué venía aquí?

DOCTORA SANDÍ: ¿A la capilla?

DOCTOR ARROYO: Sí. ¿A qué vino aquí? ¿Por qué aquí precisamente?

DOCTORA SANDÍ: *(Algo avergonzada.)* Buscaba al conserje. Habíamos acordado hacer un pequeño trueque literario. ¿Por qué?

ALEJANDRO: ¿Cómo se llama el conserje que buscaba?

DOCTORA SANDÍ: *(Desesperada.)* ¿Qué importa eso?

DOCTOR ARROYO: Díganos, doctora. Por favor. Es importante.

DOCTORA SANDÍ: A don Jaime. Es un señor muy amable.

DOÑA MARTA: ¡Locos! ¡Todos están locos! Iré a tomar aire. *(Sale)*.

DOCTORA SANDÍ: ¿Y a ella qué le pasa?

CATALINA: Ella dice que acá no trabaja ningún Jaime.

DOCTORA SANDÍ: Imposible. Hablé con él en estos días.

DOCTOR ARROYO: Exacto. Es lo que yo dije. Pero ella jura que no existe ese Jaime. *(En un tono más serio)*. Doctora, ¿puede llamar al Coordinador de Limpieza del hospital y preguntarle? Esto no puede ser.

DOCTORA SANDÍ: Saldré a hacer una llamada. *(Camina hacia afuera. Se detiene y se dirige al doctor)*. Pero todavía me debe una explicación de esto *(señala con el dedo a la pareja. Sale)*.

DOCTOR ARROYO: Adelante, sí. *(A Alejandro)*. ¿Por qué busca a don Jaime?

ALEJANDRO: Hablamos hace unos días. Me dio un consejo. (*Tratando de disimular*). Hoy lo iba a poner en práctica pero tenía una duda. Lo buscaba para hablar de eso.

DOCTOR ARROYO: (*A Catalina.*) ¿Y usted?

CATALINA: Hablé con él hace un rato. Me fui por los medicamentos y volví para preguntarle cuál era su pan preferido. Suena tonto. Pero es que hablamos sobre vernos nuevamente y sugirió hacerlo acompañados de pan y café. Fue muy gentil conmigo.

(*Pausa. Los tres se quedan en silencio esperando que por la puerta regrese la doctora Sandí con una respuesta.*)

ALEJANDRO: ¿Y usted, doctor? ¿Para qué lo buscaba?

DOCTOR ARROYO: (*Renuente a decirlo.*) Una situación particular... (*Resignado*) ¿Qué más da? Venía a agradecerle. Me aconsejó que tomara vacaciones y creo que fue también el que se lo sugirió a la doctora Sandí. Ella me dijo que no le agradeciera a ella... (*Se detiene al ver entrar de nuevo a la doctora Sandí, con cara de ensimismamiento*)

ALEJANDRO: ¿Qué pasó?

DOCTORA SANDÍ: Acabo de hablar con el Coordinador de Limpieza.

DOCTOR ARROYO: ¿Ajá...?

DOCTORA SANDÍ: Y el pabellón de la capilla es manejado por dos conserjes: doña Marta y don Gustavo. No hay ningún Jaime que trabaje como conserje aquí. (*Se sienta mirando fijamente al frente*).

(*El doctor Arroyo se sienta y apoya la cabeza en sus manos. Alejandro se deja caer en la banca y mira el piso. Catalina se queda de pie inquieta, casi en shock. Todos están en un estado mezcla de confusión, incredulidad y asombro. El silencio se hace largo.*)

DOCTOR ARROYO: No entiendo. En serio no entiendo. ¿Ahora entonces tuvimos una alucinación colectiva? ¿Qué carajos?

DOCTORA SANDÍ: Cuando hablé con él, le dije que había personas que ante los problemas venían a la capilla y se convertían en creyentes. A él no le gustó esa idea mía, me dijo que todos reaccionan ante los golpes de la vida de diferentes maneras y que una de ellas era la fe y que esta es totalmente válida.

ALEJANDRO: A mí me dijo que lo buscara aquí cuando lo necesitara.

CATALINA: A mí también.

DOCTOR ARROYO: ¿Y eso qué? No existe. Creo. No sé.

ALEJANDRO: No, doctor. Me dijo que lo buscara "aquí"

¿Entiende?
DOCTOR ARROYO: No estoy para adivinanzas, Alejandro.
ALEJANDRO: (*Se levanta y señala la capilla con sus manos*) "Aquí", doctor. Estamos en una capilla. ¿A quién se busca en las capillas?
DOCTOR ARROYO: ¿No me va a decir que entonces Jaime era Dios? Porque eso es ridículo.
CATALINA: Quizás no Dios, pero si un ángel... Nos ayudó a todos, ¿no?
DOCTOR ARROYO: ¿Doctora?
DOCTORA SANDÍ: (*recita*) "Pasamos juntos, muy juntos, invicta Luz, paso enfermo; pasamos juntos las lilas mostazas de un cementerio"
DOCTOR ARROYO: ¿Y eso?
DOCTORA SANDÍ: A don Jaime le gustaba la poesía de Vallejo. Recordé ese fragmento. Creo que todos acá "pasamos juntos" con don Jaime. Creo que es acá... (*Temerosa de decir las siguientes palabras. Observa toda la capilla, sus cuadros y vitrales*). Es acá donde venimos a hacernos creyentes.
(*Empieza a sonar de fondo la canción Sound of silence. Cada vez más fuerte.*)
DOCTOR ARROYO: No puede ser, es imposible.
DOCTORA SANDÍ: Pues no. ¿Recuerda usted lo que pasó y habló con él?
DOCTOR ARROYO: Sí.
DOCTORA SANDÍ: ¿Le pareció real y significativo?
DOCTOR ARROYO: Sí.
DOCTORA SANDÍ: ¿Cree en usted mismo, doctor?
DOCTOR ARROYO: Sí.
DOCTORA SANDÍ: No hace falta que crea en Dios o ángeles, doctor. No hace falta que crea en eso, para que crea en usted mismo.
(*La música aumenta el volumen. El doctor Arroyo recibe esas últimas palabras como cuchillas en su fe. Eran palabras casi calcadas de las que le dijo el mismo Jaime.*)
ALEJANDRO: Catalina, tenemos que hablar.
CATALINA: Así es.
(*La música hace que no se pueda escuchar lo que dice la pareja. La doctora Sandí toma aire, respira profundo, se levanta y sale de la capilla. Las luces empiezan a apagarse lentamente. La pareja sigue conversando. El doctor Arroyo se levanta, mira al crucifijo. Se rasca la cabeza y sale de la capilla negando con la cabeza. Al salir, se apagan las luces totalmente y se cierra el telón lentamente*).

TELÓN

ACERCA DEL AUTOR

Steve Durán Corrales es un profesor de Español y escritor costarricense. Nació en 1993 y encontró su amor por las letras desde joven.
Ha estudiado Filología, Educación y Escritura Creativa y tiene más de 10 años de experiencia como profesor en Secundaria.
Enseña a sus estudiantes que las letras tienen valor tanto al leerlas como al escribirlas.